LA

TRADUCTION FRANÇAISE

DU

MANUEL D'ÉPICTÈTE

D'ANDRÉ DE RIVAUDEAU

AU XVIe SIÈCLE

Publiée avec une Introduction

PAR

LÉONTINE ZANTA

DOCTEUR ÈS LETTRES

PARIS

LIBRAIRIE ANCIENNE HONORÉ CHAMPION

ÉDOUARD CHAMPION

5, QUAI MALAQUAIS

—

1914

LA

TRADUCTION FRANÇAISE

DU

MANUEL D'ÉPICTÈTE

D'André de RIVAUDEAU

AU XVIe SIÈCLE

LA

TRADUCTION FRANÇAISE

DU

MANUEL D'ÉPICTÈTE

D'ANDRÉ DE RIVAUDEAU

AU XVIᵉ SIÈCLE

Publiée avec une Introduction

PAR

LÉONTINE ZANTA

DOCTEUR ÈS LETTRES

PARIS

LIBRAIRIE ANCIENNE HONORÉ CHAMPION

ÉDOUARD CHAMPION

5, QUAI MALAQUAIS

—

1914

AVANT-PROPOS

Dans le cours de mes recherches sur la renaissance du stoïcisme au XVIᵉ siècle, j'avais été d'abord frappée de la place prépondérante accordée par les humanistes à Sénèque et à Cicéron, tandis qu'Épictète et son *Manuel* étaient quelque peu laissés dans l'ombre. Je ne considérais alors que les éléments épars du stoïcisme, mais au fur et à mesure que se précisait pour moi la synthèse stoïco-chrétienne, l'idée se faisait plus nette que j'en trouverais l'expression complète dans les traductions et commentaires du *Manuel*.

Une intéressante traduction française avait été signalée par M. Strowski dans son premier volume sur *Pascal et son temps :* celle d'André Rivaudeau, publiée à Poitiers en 1567. Elle me parut significative. J'y retrouvais les traits essentiels du néo-stoïcisme comme fondus dans un ensemble un et harmonieux.

Il m'a donc paru utile non seulement de la publier intégralement comme les *Observations* qui l'accompagnent, mais encore de la placer dans le cadre qui lui convient, c'est-à-dire à la suite des traductions latines et des traductions françaises et je dirai même des éditions les plus importantes d'Épictète qui en déterminèrent l'orientation.

Ces traductions marquent en effet comme des étapes dans l'effort que fit la pensée chrétienne pour s'assimiler la pensée stoïcienne. De curieuses lettres ou préfaces en témoignent. On y voit progressivement le stoïcisme se dégager de ses dogmes pour s'adapter à la métaphysique platonicienne jusqu'au moment où s'achève sa synthèse définitive dans le néo-stoïcisme.

C'est l'histoire des idées seulement que j'ai cherché à éclaircir dans cette étude, et s'il m'est arrivé parfois de faire quelques remarques de langue en même temps que de style au sujet de la traduction elle-même, je n'ai pas eu d'autre intention que de signaler le mouvement de vulgarisation du stoïcisme qui s'affirmait à mesure que le texte s'améliorait et que les traducteurs pénétraient de mieux en mieux la pensée d'Épictète.

INTRODUCTION

Le mouvement de la Renaissance du stoïcisme se marqua tout particulièrement au XVIᵉ siècle par la traduction d'Épictète. Dès 1544, Antoine Du Moulin, valet de chambre de la reine Marguerite, « translata » le *Manuel* en français ; c'était une preuve évidente que cette œuvre se vulgarisait. En 1567, un franc Réformé, André Rivaudeau, publiait une nouvelle traduction française. Comme tous ceux de la Réforme, il avait été frappé de cette merveilleuse coïncidence entre deux belles et grandes doctrines sur les deux points les plus importants de la morale et il avait ajouté des commentaires à sa traduction. En 1591, peut-être même déjà en 1585, un magistrat, qui plus tard devint évêque, Guillaume Du Vair, reprenait le même travail ; cette fois, il s'abstenait de commenter directement le *Manuel*, car il allait développer de façon plus ample la doctrine des stoïques que nous avons étudiée ailleurs (1). Le traducteur n'est plus protestant, mais catholique convaincu, à l'esprit large, plus préoccupé pourtant de morale que de dogme ; c'est un des plus illustres représentants de cette lignée de stoïciens chrétiens, que nous avons appelés les néo-stoïciens.

Il nous a donc paru utile de détacher de ce groupe de traductions françaises celle qui pourrait le mieux mettre en relief les traits caractéristiques de cette transplantation d'Épictète dans notre littérature française. Celle de Rivaudeau est intéressante, en effet, à ce double point de vue qu'elle est à la fois au terme et à l'arrivée de deux courants assez nettement définis et bien distincts. Rivaudeau se sépare du groupe des traducteurs latins

---

(1) Cf. mon ouvrage : *La Renaissance du stoïcisme au XVIᵉ siècle*.

en critiquant avec assez de vigueur et même de sévérité la version de Politien et celle de tous les traducteurs qui, en dépit des améliorations apportées au texte grec, persistent encore à suivre ce modèle. Il n'abandonne point par ailleurs le souci d'utiliser chrétiennement le *Manuel* et se montre par là le descendant des commentateurs latins qui tous, ou presque tous, avaient comme lui abordé Épictète avec des préoccupations morales et religieuses. D'autre part, son souci de traduire un texte exact, son désir de revêtir le plus clairement, disons plutôt le plus pittoresquement possible, de notre belle et savoureuse langue du XVI⁰ siècle la pensée d'Épictète, le place au premier rang des traducteurs français.

Mais il y a plus : aujourd'hui que le texte du *Manuel*, intégralement établi, a permis aux éditions classiques de se multiplier, il est intéressant de suivre dans le passé l'histoire de ces premiers essais de la traduction française du *Manuel* et de pouvoir ainsi les retrouver même chez des auteurs tout modernes. Reprenons donc brièvement l'histoire des prédécesseurs de Rivaudeau, de ceux dont les traductions ont préparé et rendu possible son œuvre.

Ce sont les traductions latines qui ont donné le premier élan à la vulgarisation du *Manuel*. Ce mouvement commença en Italie. Au XV⁰ siècle déjà, un essai fut tenté, celui de Perotto, imparfait sans doute, et par cela même infructueux; mais toutefois il indiquait la direction. Peu de temps après paraissait, en effet, la *Version de Politien*, dont l'importance fut si grande que non seulement elle fut reproduite par tous les contemporains, mais encore par ceux qui vinrent ensuite, alors même qu'elle ne correspondait plus au texte correct mis en cours. C'est que, d'autre part, des efforts persévérants pour améliorer un texte reconnu défectueux par Politien lui-même, avaient été tentés par des humanistes distingués : les Trincavelli, Caninius, Cratander, Haloander, Scheggius, etc... Tout ce mouvement aboutit à de nouvelles traductions latines, celles de Naogeorgius (1554), de Wolf (1563), traductions intéressantes en ce qu'elles précisent une certaine tendance à faire du *Manuel* un code de morale chrétienne et qu'elles témoignent une fois de plus de la vitalité de cette renaissance du stoïcisme et de ses caractères fondamentaux.

C'est dans un tel milieu, entraîné par ce courant très net d'idées morales et religieuses, que Rivaudeau va traduire de façon fort originale le *Manuel* d'Épictète et lui donner droit de cité dans notre littérature du XVIᵉ siècle.

PREMIÈRE PARTIE

———

LES TRADUCTIONS LATINES

DU

"MANUEL"

AU XVᵉ ET AU XVIᵉ SIÈCLE

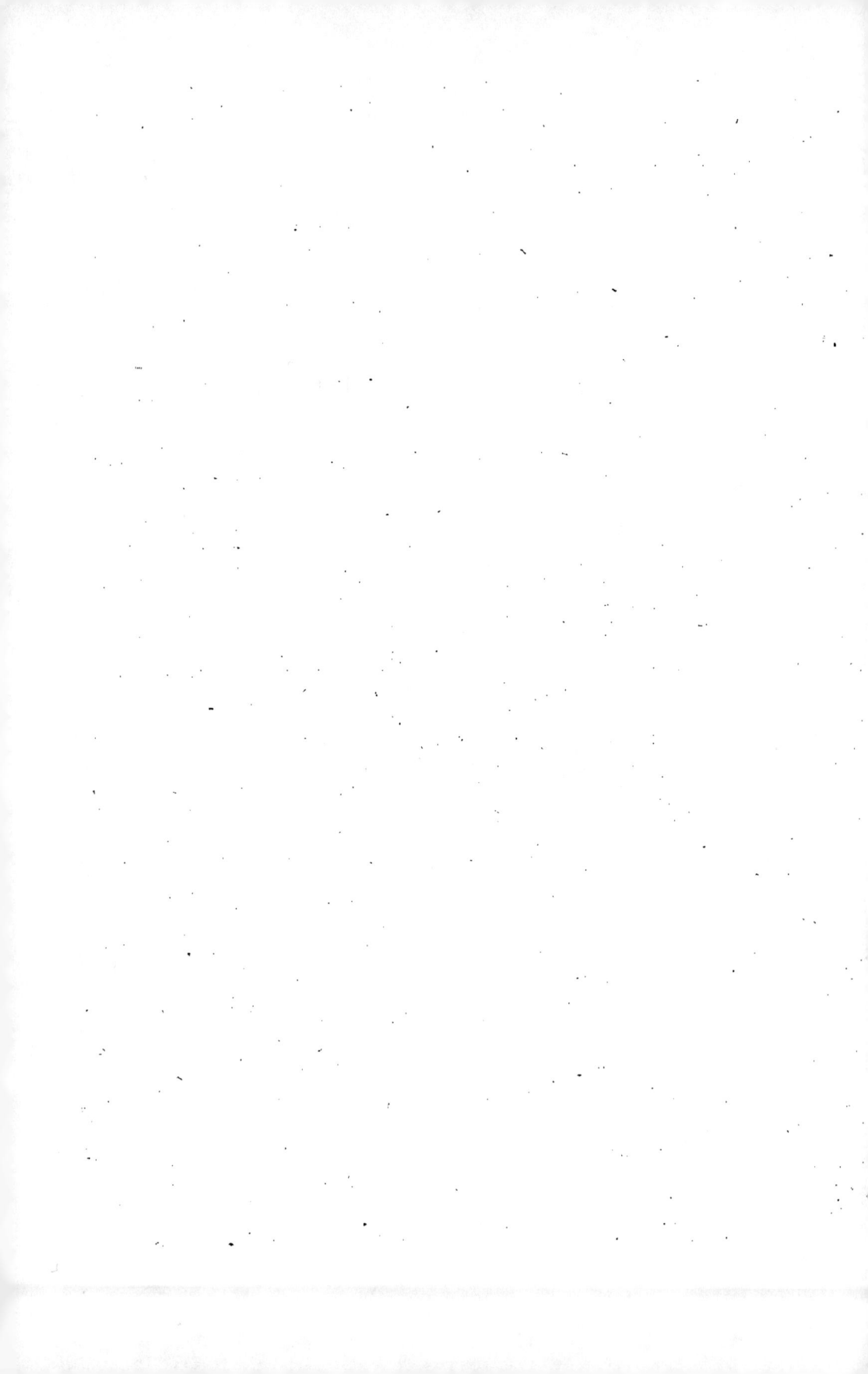

LES TRADUCTIONS LATINES

La première traduction latine nous est donnée par un certain Nicolo Perotto (1), attaché à la personne du cardinal Bessarion. Bessarion était originaire de la Grèce. Né à Trébizonde, il avait passé quelques années à Constantinople, comme étudiant. Lorsqu'il vint en Italie et qu'il entra définitivement dans l'Eglise romaine, il voulut faire connaître les trésors de son ancienne patrie, et se montra très ardent à rechercher les manuscrits, à grouper autour de lui des hommes de valeur, des humanistes distingués. C'est ainsi qu'il s'attacha Perotto, et que Perotto,

(1) Cf. *Giornale storico della litteratura italiana*, t. L, p. 52 et seq. (1907).

Cette traduction fut probablement composée à Bologne vers 1453, car elle est dédiée à Nicolas V et on y voit que Nicolas Perotto accompagnait le cardinal Bessarion et portait le titre de poète lauréat. Or Nicolas V mourut en 1455 ; en 1452 le titre de poète lauréat fut établi à Bologne et cette même année le cardinal Bessarion était dans cette ville.

Le Cod. Ambros. marqué L 27, et qui est tout entier occupé par deux traductions de Perotto : l'*Enchiridion* d'Épictète et le *De fortuna Romanorum* de Plutarque, mentionne pour ce premier ouvrage :

F° 1. Nicolai Perotti in Epicteti philosophi Enchiridium præfatio incipit feliciter ad Nicolaum quintum pontificem maximum.

F° 4. Nicolai Perotti poetæ laureati in Epicteti philosophi Enchiridium' a se e græco in latinum translatum præfatio finit.

F° 4 v°. Simplitii philosophi in expositionum Enchiridii præfatio incipit felicissimè.

F° 10. Nicolai Perotti de græco translatio proemii finit feliciter. Epicteti philosophi Enchiridium incipit feliciter.

F° 34 v°. Nicolai Perotti poetæ laureati præfatio finit. Incipit De fortuna Romanorum feliciter.

Et le manuscrit se termine par deux distiques sur Epictète en vers latins, f° 59 v° :

« Divus Epictetus animos et pectora format
Hic animo liber, cætera servus erat
Corpore mancus erat sed diis gratissimus idèm
Nunc refrigeriam gaudet habere domum. »

auprès d'un tel protecteur, se trouva tout naturellement porté
à traduire Épictète, à l'aide du *Commentaire* de Simplicius.
Ce fait a son importance, car la morale d'Epictète prenait
valeur et force, en s'appuyant sur les dogmes platoniciens
qu'avait tout particulièrement défendus Simplicius : une
conscience de chrétien pouvait dès lors l'admettre sans scrupule.
Simplicius donne en effet à la doctrine vigoureuse, mais un
peu trop succincte, d'Épictète les principes de la métaphysique
platonicienne. Cette-liberté qui fait la dignité de l'homme, et
que dégage si bien le *Manuel*, lorsqu'il indique par quels moyens
nous la pouvons conquérir, en nous détachant de tout ce qui
ne dépend pas de nous, Simplicius la fonde en raison, en montrant qu'elle est l'essence de l'âme, essence absolument distincte
et séparée du corps et de ses passions, essence qui existe encore
après la mort. Le corps n'est qu'un instrument dont l'âme se
sert dans la mesure où il est possible de le faire, tout en développant son activité raisonnable. Avec Simplicius, le *Manuel*
prend place, en quelque sorte, dans la philosophie platonicienne
à titre de morale pratique. C'est l'impression très nette qui se
dégage de la préface du *Commentaire* de Simplicius, que
reproduira dans ses parties essentielles Politien, l'illustre traducteur du *Manuel*. Grâce au *Commentaire* de Simplicius, qu'un
courant de philosophie favorable au platonisme avait mis en
honneur en Italie, on pourra dire qu'Épictète apparut tout
d'abord sous couleur platonicienne : un fait positif le prouve.

Ce qu'on appellera dans les éditions critiques l'édition
« princeps de Venise » désignera une édition entremêlée du texte
d'Épictète et du *Commentaire* de Simplicius. Un exemplaire
de ce genre se trouve à la Bibliothèque Nationale et a dû appar-
tenir au janséniste Ant. Feydeau. Le texte est complété et corrigé
par des notes écrites à la main (1). Cette édition remonte à 1528.
Venetiis per Joan. Antonium et Fratres de Sabio, trouvons-nous

---

(1) Cf. Schweighäuser, *Epicteti Manuale et Cebetis Tabula græce et latine*, pp. XVII
et XVIII (Lipsiæ 1798). Il a plusieurs exemplaires entre les mains : un de la bibliothèque de Bâle, deux de la bibliothèque Joannea Hamburgensis dont l'un est annoté à
la main et porte le nom de N. Le Fèvre en tête du volume ; l'autre, également

à la fin du volume. Les sections ou chapitres ne sont distingués par aucune note de chiffre, ni aucune lettre. Depuis le commencement jusqu'au milieu du livre, chaque verset d'Épictète se trouve en quelque sorte encadré par le *Commentaire*, et le texte est mis en entier. Puis, à partir du chapitre correspondant au chapitre XXV de nos éditions modernes, le texte est incomplet, des paragraphes entiers sont parfois supprimés. Or, il ressort des remarques faites par Schweighäuser dans son édition critique, qu'il dut y avoir nombre de manuscrits du *Commentaire* avec texte incomplet du *Manuel;* ces manuscrits forment donc comme un groupe d'une même famille et furent le point de départ des premières traductions. Ce seront les *Simpliciani Codices.*

Ces remarques faites, nous pouvons donc aborder la première traduction latine qui vraiment marque une date dans cette histoire de la traduction du *Manuel*, à la Renaissance : nous voulons dire la version latine de Politien.

CHAPITRE I.

LA VERSION LATINE DE POLITIEN.

LE STOÏCISME DE POLITIEN.

Une première édition de cette traduction aurait paru avant 1498 (1). Ce serait sans doute Florence et la célèbre bibliothèque des Médicis qui aurait fourni à Politien le texte manuscrit sur lequel il fit sa version. Politien fut le protégé des Médicis, de Laurent tout particulièrement qui le traita magnifi-

annoté, mais avec quelques différences de notes, témoignerait d'une autre source de manuscrit; puis il y en aurait quatre à Paris, parmi lesquels celui que nous avons entre les mains, signé Ant. Feydeau. Schweighäuser en conclut, ce qui paraît fort juste : « Fuisse videtur olim, nescio quo loco Italiæ, veluti officina quædam, e qua exibant Enchiridii cum Simplicii Commentario exempla Venetæ editionis cum Codicibus Mss^{tis} collata. »

(1) Cf. Hoffmann. *Lexicon bibliographicum* (Lipsiæ 1833); Joannis Alberti Fabricii, Bibliotheca græca, t. V (éd. Harles, Lipsiæ, MDCCLXXIX).

Cf. Politianus, *Omnia opera* (Venetiis 1498, in-fol.). Cette date pourrait être fixée approximativement par ce fait qu'une lettre significative datée du 1er août 1479 à Fiesole fut écrite par Politien à Scala, pour réfuter les objections de ce dernier contre Épictète, et que cette lettre fut jointe à l'édition de 1498.

quement en lui accordant, non seulement dans son palais à Florence, mais encore dans une délicieuse retraite à Fiesole, une vie de bien-être et des loisirs qui permirent à ce poète bibliophile, enthousiaste des auteurs grecs, de découvrir les trésors de l'antiquité. C'est au cours de ses laborieuses recherches qu'il tomba sans doute quelque jour sur un de ces manuscrits, où le *Manuel* d'Épictète se trouvait mêlé au *Commentaire*. Élève de Marsile Ficin, passionné comme lui pour cette Grèce qui revivait dans le milieu enchanteur de la Florence des Médicis, il se laissa prendre à la logique des idées, comme il se laissait prendre à l'harmonie de la forme, et le *Manuel* d'Épictète le séduisit, si sévère fût-il.

Épictète avait trouvé le secret d'équilibrer, d'unifier les forces de la nature que les hommes de la Renaissance, et Politien comme les autres, sentaient se combattre avec tant de passion en eux.

Il suffira, du reste, de relire la lettre que Politien adresse à Laurent de Médicis, en lui dédiant sa traduction, pour comprendre que ce n'est point l'humaniste seul qui fut entraîné vers Épictète, mais l'artiste moraliste, disciple de Platon, soucieux de l'harmonie des forces de l'âme; le lettré reconnaissant, soucieux de rendre en bien moral à un maître généreux le fruit d'un travail qu'il devait à ses largesses.

Il a découvert ce manuscrit en fouillant la riche bibliothèque de Laurent de Médicis; ce petit opuscule, unique en son genre, il l'a cueilli comme on cueille une fleur rare par sa délicatesse, dans un jardin, et il l'offre à son maître (1).

Ce livre lui semble convenir à merveille à Laurent de Médicis, si naturellement porté à accomplir de grandes choses, des tâches difficiles dans un temps très dur.

_____

(1) Cf. Politien, *Opera omnia* (Venise 1498). Lettre à Laurent de Médicis : « Nam quum universam tuæ pulcherrimæ bibliothecæ suppellectilem, quam tute nobis utendam concessisti, nuperrime scrutarer; hoc unum merito opusculum, quasi ex horto flosculum, quod tibi afferrem, delibavi. Hic enim unus est liber (nisi me opinio fallit), qui et naturæ isti tuæ ad magna quædam semper atque ardua excitatæ. et his tam duris temporibus, quibus te undique fortuna exercendum accepit maxime omnium conveniat. »

D'ailleurs, il trouve qu'il se dégage de cette parole d'Épictète, si pleine d'énergie, une force admirable pour l'action, et pour l'action morale, car celui qui reconnaît ses propres passions doit, en le lisant, sentir l'aiguillon qui le pousse à les corriger (1). Impossible donc, suivant Politien, de se dérober à l'influence morale d'un philosophe qui sait disposer tous ses préceptes dans un ordre admirable.

Les chapitres qui forment le *Manuel* tendent tous vers un centre unique : le développement de l'âme raisonnable, et Politien exprime ainsi pour sa part le besoin d'ordre et d'harmonie cher à tout artiste véritable, en vantant l'efficacité de cet admirable *Manuel* qu'il importe, comme son nom d'*Enchiridium*, ou petit poignard, l'indique, d'avoir toujours comme une arme à la main.

Et si l'on veut avoir plus nette encore cette appréciation de Politien sur le *Manuel*, il faut reprendre la lettre qu'il écrivit au sujet d'Épictète à l'un de ses contemporains et rival, Bartolommeo Scala (2). Ce dernier était, comme Politien, protégé de Cosme et de Laurent de Médicis ; chancelier de Florence, il était même compté au nombre des ennemis personnels de Politien. Le ton d'urbanité sur lequel lui répond le grand humaniste ne le laisse pas voir, mais n'exclut point cependant une certaine vigueur. Politien se croyait quitte envers ses contemporains, après leur avoir laissé cette traduction d'Épictète, qu'il estimait à bon droit comme très efficace et très salutaire. Or, il se trouve que Scala non seulement ne partage point son admiration, mais encore s'en prend directement aux enseignements d'Épictète qu'il trouve obscurs, surhumains et faux. Politien répond dans cette lettre, fort intéressante d'ailleurs, à ces trois arguments,

---

(1) Cf. Op. cit. : « Sermo autem in eo omnino efficax est, atque energiæ plenus, et in quo mira sit ad permovendum vis. Suos enim quivis effectus meo agnoscit, atque eos emendandos, ceu quodam aculeo excitatur. »

(2) Cf. dans opera cit. cette lettre datée de Fiesole 1er août 1479 : « Putabam equidem factum a me satis quod Epictetum essem de græco interpretatus. » Cela prouverait donc clairement qu'une édition du *Manuel* avait été publiée antérieurement à cette date.

2

et comme il y répond en se servant le plus souvent des développements platoniciens qu'il a trouvés dans la préface du *Commentaire* de Simplicius, nous aurons là une indication très précise sur sa manière d'interpréter le stoïcisme.

C'est en somme la thèse fondamentale du *Manuel* qu'il défend en l'appuyant, comme le fit Simplicius, sur la métaphysique platonicienne. Le *Manuel* apprend à vivre, mais à qui? Non point à ceux qui, dégagés de leur corps, vivent déjà d'une vie contemplative, ni à ceux qui, déjà maîtres de leurs passions, sont des âmes purifiées et n'ont plus besoin de règles pratiques de vie, mais à ceux qui sont en passe de se purifier, car ils ont compris ce qu'est véritablement l'homme. Et ici Politien reprend, comme Simplicius dans sa préface, la thèse de l'*Alcibiade* de Platon. Il ne s'en cache point (1), car, pour lui, ce qui fait la force et la valeur du *Manuel* d'Épictète, c'est qu'il est l'application de cette vérité fondamentale, que toute l'essence de l'homme réside dans son âme raisonnable. En effet, écrit-il à Scala, il faut ou bien que l'homme soit corps, ou bien qu'il soit âme, ou encore les deux ensemble. Or, il est un fait évident, c'est que l'âme est ce qui meut le corps (2), et le corps vis-à-vis de l'âme joue donc le rôle d'instrument; par conséquent, l'homme véritable est celui qui se livre à sa tâche d'homme et qui cultive son âme raisonnable (3), et ce qui seul dépend de son âme. A la lumière de cette vérité, s'éclaire merveilleusement la division d'Épictète entre les choses qui dépendent de nous et celles qui n'en dépendent pas. Tout ce que prescrit Épictète est bien en notre pouvoir, puisqu'il nous apprend à nous détacher de tout ce qui n'est point l'âme raisonnable.

Sur cette base solide, il est facile à Politien de bâtir la

---

(1) Cf. lettre citée : « Is igitur Plato in eo libro, qui de hominis natura inscribitur Socratem cum Alcibiade illo, cui pulchro cognomen fuerit, disputantem inducit, quo in libro nihil esse aliud hominem quem dicimus probat nisi rationis participem animum. »

(2) Ibid. : « Necesse est hominem aut animum esse, aut corpus, aut utrumque simul... animus vero is est, qui moveat. »

(3) Ibid. : « Ipse igitur homo est, quique hominis curæ studet, animum curet. »

réfutation des arguments de Scala. Épictète n'est point obscur ni faux, puisque toute sa doctrine se justifie par ces vérités fondamentales de la distinction de l'âme et du corps et de la valeur en soi de l'âme raisonnable; tout au plus pourrait-on lui reprocher la concision de ses préceptes. Mais c'est un code de lois qu'il prétend donner dans ce petit *Manuel*, il n'a point l'intention de combattre par des plaidoyers (1). Il remplit donc fidèlement son rôle; et de même que les mathématiciens ne cherchent point à démontrer les principes sur lesquels ils s'appuient, de même Épictète ordonne son livre de telle sorte qu'il considère comme accepté ce qui a été démontré par Platon, et que de là il tire toute la série de ses préceptes (2). Du reste, rien de plus net, de plus substantiel que ces règles de vie, rien de plus lucide, et il n'est nul besoin, pour y voir clair, des yeux de lynx d'un Scala, il suffirait de ceux d'un simple (3).

Le programme d'Épictète n'est point non plus au-dessus des forces humaines; sur ce point, Politien est peut-être moins heureux. Ce ne sont que des exemples qu'il peut alléguer en réponse aux accusations de Scala, exemples qu'il va chercher dans le *Manuel* lui-même. Qu'y a-t-il d'irréalisable pour les forces humaines de penser à la mort, à l'exil, à la perte d'êtres chers, et de nous y préparer en y pensant?... De penser, en somme, à ce qui va nous arriver. Tout ce qui arrivera au delà de notre espoir ne sera-t-il pas un gain? Quoi d'inhumain encore à aimer comme des êtres mortels, femme, fils, époux, pour ne pas être troublé par leur mort? Sans doute, la nature nous commande les larmes et il est difficile de nous en abstenir, mais puisque nous trouvons des exemples de sages impassibles, Solon, Caton, etc.,

---

(1) Cf. Lettre citée : « Præcepta enim hoc libello tradit et quasi leges promulgat, non contentionibus pugnat, suus cuique..... »

(2) Ibid. : « Vides ut Mathematici demonstrationum suarum principia non probent sed earum patrocinium ei, quem primum philosophum dicimus commendent... Ergo et Epictetus hunc ita libellum orditur, ut quod a Platone probatum sit, pro concesso accipiat, æque eo omnem præceptorum seriem intertexat. »

(3) Ibid. : « Obscurus igitur, aut perplexus noster Epictetus quo neque planius quicquam neque enucleatim, neque etiam lucidius ne optare quidem ausis. Ut in eum ne dum tui isti lyncei oculi, sed vel hebetissimi quique inspicere possint. »

pourquoi n'y en aurait-il pas d'autres? Et voilà comment Politien défend Épictète en acceptant sans hésiter et dans toute sa rigueur la doctrine, ou plutôt la discipline de ce maître incomparable, de cet ascète qui sut prêcher le renoncement, la résignation, la piété et le vrai bonheur en termes si simples et si clairs.

LA TRADUCTION DU " MANUEL " PAR POLITIEN.

Mais revenons au texte du *Manuel*. Quel put être celui dont se servit Politien? Lui-même nous répondra dans la lettre qu'il écrivit à Laurent de Médicis, lettre qui fut presque toujours dans la suite publiée avec la traduction.

Il avait, dit-il, entre les mains deux exemplaires entièrement incorrects et en plusieurs endroits incomplets. Lorsqu'il eut entendu qu'il en existait encore d'autres du même genre, il prit la liberté de compléter et de corriger son texte à l'aide du *Commentaire* de Simplicius (1).

Il y a, en effet, des ressemblances assez probantes entre la traduction de Politien et celle du *Commentaire*. Au chapitre XXIX des éditions modernes, nous lisons ce texte (parag. 4) : « Aussi certaines gens, parce qu'ils ont vu un philosophe, ou parce qu'ils en ont entendu un qui parlait comme parle Euphrate... veulent philosopher, eux aussi... »

Politien avait traduit (cap. XXXIV) : « Sic nonnulli cum philosophum intuentur, aut cum a quopiam audiunt, bene Socrates dicit..., volunt et ipsi statim philosophari. » Or, il se trouve que dans le *Commentaire* le nom de Socrate figure également à la place d'Euphrate.

---

(1) Cf. Lettre à Laurent de Médicis (édition citée) : « Hoc ego opus cum latinum facere aggrederer ut indulti a te nobis tam suavis ocii rationem aliquam redderem ; in duo omnino mendosissima exemplaria incidi, pluribusque locis magna ex parte mutilata. Quapropter quum et cætera quæcunque usquam exemplaria exstarent, non dissimilia his esse audirem : permisi mihi, ut, sicubi aliqua capita, aut deessent aut dimidiata superforent, ea ego de Simplicii verbis, qui id opus interpretatus est, maxima (quantum in me esset) fide supplerem. Quod si non verba ad unguem (id nullo modo fieri poterat), at sensum certe ipsum purum sincerumque latinum a nobis redditum arbitror. »

D'autres exemples de ces rapprochements de la version de Politien avec le *Commentaire* de Simplicius sont encore plus significatifs. Au chapitre XL des traductions modernes, nous trouvons : « Les filles ont à peine atteint l'âge de quatorze ans, que les hommes leur donnent le nom de dames ; elles commencent à se parer, et mettent toutes leurs espérances dans leurs ornements. Mais il leur faut faire comprendre qu'elles ne peuvent plaire et se faire respecter que par leur sagesse, leur pudeur et leur modestie. »

Comparons le texte latin correspondant de Politien (cap. LV), et nous verrons la différence : « Mulieres statim a decimo quarto anno dominæ vocantur. His enim viri ob concubitum blandiuntur. Virorum ergo culpa sibi deinceps nimis placent. Monendæ igitur sunt fore apud nos in honore nihil ob aliud nisi si modestæ sint et virum revereantur. »

C'est à peu près la traduction fidèle de ce passage du *Manuel du Commentaire* : « Mulieres statim ab anno decimo quarto a viris dominæ vocantur. Proinde cum vident, se nihil aliud habere muneris, nisi ut cum viris concumbant : comere se incipiunt, atque in ornatu spem collocant omnem. Quare operæ precium est, dare operam ut sentiant, sibi non ob aliud honorem haberi, nisi quod et modestas se præbeant et verecundas ac temperantes. »

D'autres fois, c'est au *Commentaire* même que Politien fait des emprunts quand le texte du *Manuel* est par trop mutilé.

Au chapitre LVI, il écrit : « Degeneris signum est, insistere iis, quæ corporis sunt ut : plurimo exercitio, plurimo corporis cultui. Sed et consensus cujusdam supervacanei signum est. *Quibus enim gaudemus*, cum iisdem consentimus. Oportet igitur nimiam corporis curam, velut ab re esse arbitrari. Maxime vero curam ejus habere, *quod ipso utitur corpore.* »

Il est évident que ce chapitre fait plus d'un emprunt au passage suivant du *Commentaire* : « Neque vero obtusi tantum ingenii signum est, occupari circa corpus, sed immodici, etiam ejus amoris. *Quibus enim rebus gaudemus* atque adficimur, iis immoramur. Est igitur, inquit, occupatio corporis, accessio quædam judicanda, præcipua vero cura ei impendenda, *quod corpore utitur* (1). »

Dans les deux passages qu'il emprunte directement au *Commentaire*, Politien se laisse guider par des préoccupations de philosophe. On dirait qu'il tient à dégager l'idée dominante du néoplatonicien Simplicius sur les rapports de l'âme et du corps, le corps étant toujours considéré comme l'instrument de l'âme et n'ayant dans la vie morale qu'un rôle tout à fait secondaire.

Si par ses emprunts au *Commentaire* de Simplicius, et par les deux lettres célèbres qu'il adressa, l'une à Laurent de Médicis, l'autre à Bartolommeo Scala, Politien a montré dans quel esprit il entreprit la traduction du *Manuel*, il nous reste encore à étudier comment il y réussit. C'est dans la traduction même du *Manuel*, par la division qu'il fait des chapitres, par les titres fort significatifs qu'il y ajoute, que Politien a essayé de marquer en quelque sorte l'ordre logique qui relie entre elles toutes les parties de ce petit traité et d'en dégager l'esprit à sa manière.

Lorsque Politien avait écrit dans sa lettre à Laurent de Médicis que les préceptes d'Épictète étaient disposés dans un ordre admirable et qu'ils tendaient tous vers un centre unique, ce n'était point un jugement superficiel qu'il formulait, mais il exprimait le résultat pratique de ses propres expériences. En effet, par la manière dont il coupe certains passages, ou dont, au contraire, il en groupe certains autres, on sent qu'il est surtout attentif à l'enchaînement des idées (2).

Le *Manuel* apparaît à travers sa traduction divisé en trois parties (3). Dans la première, il serait question de la grande division entre les choses qui dépendent de nous et celles qui n'en

(1) Cf. Edition Wolf (Bâle 1563).
(2) Le chapitre 1 du texte définitif est divisé par Politien en quatre chapitres, le chapitre v en deux, également le chapitre XIII, etc.; au contraire le chapitre XXXIII de Politien comprend le chapitre XXVIII et une partie du chapitre XXIX du texte définitif, etc.
(3) La traduction de Politien comprend soixante-huit chapitres : la première partie irait jusqu'au chapitre XXVII, la deuxième jusqu'au chapitre XXXV, et la dernière, la plus importante, jusqu'à la fin du *Manuel*.

dépendent pas, et des caractères essentiels de ces deux catégories de choses. La deuxième s'adresserait tout particulièrement à cette classe d'hommes qui est en progrès ; à ceux qui veulent être philosophes, commencent à l'être, mais timidement. Les préceptes énoncés dans la première partie leur conviennent, mais il faut cependant que de nouvelles règles s'y ajoutent. Enfin, une troisième partie comprendrait une classification générale et pratique de nos devoirs : devoirs envers les autres, envers les dieux, envers nous-mêmes.

Le plan du *Manuel* se dégage ainsi très net ; il se précise encore par la division des chapitres, qui permettent au traducteur de faire en quelque sorte l'analyse des idées principales.

Au chapitre premier, nous trouvons, en effet, la grande division des choses qui sont nôtres et de celles qui nous sont étrangères, mais aussi ce qui caractérise ces deux ordres de choses. Ce qu'il peut nous advenir de la connaissance ou de l'ignorance de cette distinction, tel est l'objet du chapitre II, tandis que les chapitres III et IV nous énumèrent des préceptes de conduite.

Il faut renoncer à ce qui nous est étranger, nous occuper seulement de ce qui est vraiment nôtre, car nous ne pouvons suivre deux ordres de choses aussi différents. Devant toute image pénible, il faut évoquer le mot d'ordre : « Tu n'es qu'imagination... »

Voilà nettement analysé ce que nous trouvons groupé en un seul chapitre dans les traductions qui suivirent et que l'on se contentera d'intituler « Distinction de ce qui dépend de nous et de ce qui n'en dépend pas ». Politien avait mieux fait, lorsqu'il avait subdivisé cette première matière si importante du *Manuel* (1).

Cette première distinction, avec ses préliminaires, nous

---

(1) Chap. I. « Quæ in nobis sint, quæve non : qualia ve quæque sint. »

Chap. II. « Quid ex eorum, quæ nostra, quæque aliena sint, ignoratione, notitiaque eveniat. »

Chap. III. « Quod aliena omittenda, nostra curanda, quodque utraque adsequi non est. »

Chap. IV. « Quo nos pacto in aspera quavis imaginatione gerere oporteat. »

apprend, en effet, à nous conduire dans la vie (1) quant à la grande ligne qu'il faut y suivre. Il reste alors à se préparer à l'action, afin qu'elle soit exempte de trouble, et pour Politien, l'on s'y prépare par la méditation (2). Ce mot, à première vue, nous étonne; il n'est point d'un stoïcien, mais n'oublions pas qu'il y avait eu une paraphrase chrétienne du *Manuel*, qui suivit de très près le *Commentaire* de Simplicius et que, par conséquent, Politien dut la connaître (3).

Or, en quoi consiste cette méditation? Le titre même du chapitre nous l'indique : à considérer la nature des choses qui nous troublent, en un mot à redresser l'opinion. Il y a, en effet, trois classes d'hommes : ceux qui accusent les autres de leurs maux, ce sont les ignorants; ceux qui s'accusent eux-mêmes, ce sont ceux qui commencent à s'instruire; et enfin, ceux qui n'accusent ni les autres, ni eux-mêmes, ce sont ceux qui véritablement sont instruits (4). Mais comme il se peut que des biens extérieurs nous soient accordés, il importe que nous sachions en user (5). Ces préceptes posés, la nature nous a donné des forces pour les suivre. Le *Manuel* nous les énumère (6). Nous apprendrons à demeurer impassibles en perdant des biens, lorsque nous saurons que nous ne faisons que les rendre (7).

(1) Chap. v. « Quomodo tractanda sunt quæ in Nobis sunt. »
Chap. vi. « Quomodo tractanda, quæ in Nobis non sunt. »
(2) Chap. vii. « Quomodo præparari in actionibus oporteat, ut perturbatione vacemus, ac primo per *meditationem*. »
(3) Cf. mon ouvrage sur *la Renaissance du stoïcisme au XVIe siècle* (chap. ii, 2e partie).
(4) Chap. viii. « De perturbatione declinanda, per eorum naturæ considerationem, quæ nos perturbant. »
Chap. ix. « Ratio superioris præcepti, triplicisque; hominum gradus adsignatio. »
(5) Chap. x. « Quomodo tractanda, quæ de externis videntur eligenda. »
Chap. xi. « Quæ nobis ex externis concedantur, quoque iis pacto sit utendum; per similitudinem. »
Chap. xii. « Quo pacto sine perturbatione, et noxia externis acquiescere possimus. »
(6) Chap. xiii. « Quod impossibilia non sunt, quæ præcipiuntur, quando vires animo adversus omnia insunt. »
(7) Chap. xiv. « Quales præbere nos oporteat, cum externa amittimus. »

Nous ne serons pas atteints par les revers (1), nous ne nous préoccuperons point des jugements du vulgaire, de la vaine gloire, nous ne désirerons rien de ce que nous ne devons pas désirer. Nous serons libres (2). Puis, lorsqu'il s'agira de déterminer le choix des choses présentes, passées et futures, le précepte se précise dans la pittoresque comparaison du banquet. Ainsi nous modérerons notre imagination au sujet des choses qu'il faut faire, nous comprendrons le rôle qu'il nous faut jouer dans la vie sans nous laisser accabler par la crainte des maux (3). Et nous aurons enfin l'assurance du succès dans l'action, en prenant pour précepte de ne rien entreprendre qui soit au-dessus de nos forces (4). Tel est le chemin qui conduit à la liberté (5). et pour s'y maintenir et éloigner les obstacles qui arrêtent notre marche, nous n'avons qu'à nous souvenir que les maux ne sont qu'opinions et avoir sans cesse présente à nos yeux l'image de la mort (6).

Cette première étape franchie, Politien passe à la deuxième partie du *Manuel*, qu'il désigne textuellement par le mot « secunda pars » (7). Il s'agit maintenant non plus seulement des préceptes qui conviennent à un homme du commun, mais

(1) Chap. xv. « Responsio ad objecta, quæ de superiori præcepto emergunt ac regula, qua talia eligere ab ærumnis non exerceamur. »

(2) Chap. xvi. « Contra vulgi de nobis existimationem. »

Chap. xvii. « Adversus inanem gloriam. »

Chap. xviii. « Quibus studendum sit, quibus non sit. »

Chap. xix. « Quæ nos servos faciant, quæve liberos. »

(3) Chap. xx. « Regula electionis præsentium, præteritorum et futurorum per similitudinem. »

Chap. xxi. « Quo pacto imaginationi moderandum circa ea, quæ fugienda videntur. »

Chap. xxii. « Quid ad nos attineat, quidve supra nos sit; aptissima similitudine. »

Chap. xxiii. « Quo pacto et in diversorum expectatione imaginationi moderandum sit. »

(4) Chap. xxiv. « Causa superioris sensus et quasi conclusio. »

(5) Chap. xxv. « Quæ via ad libertatem expeditissima sit. »

(6) Chap. xxvi. « Solutio eorum, quæ superioribus obstare videntur. »

(7) Chap. xxvii. « Secunda pars : qua eum, qui jam profecerit, instituit. Eaque primo dissolvit, quæ philosophari incipientibus occurrunt. »

à un homme qui vise à la sagesse. Des dangers guettent impitoyablement ceux qui commencent à philosopher, et ils sont déchus de leur dignité de philosophe dès qu'ils se tournent vers les biens extérieurs. Il convient donc qu'ils apprennent de quelles pensées ils doivent se défendre, s'ils veulent rester philosophes (1), quelles sont celles, au contraire, auxquelles il convient de s'arrêter.

Enfin, dans une troisième partie, que Politien indique moins nettement, cette fois, que la deuxième, mais qui se dégage par les titres mêmes qu'il donne aux chapitres, nous avons tout un traité des devoirs, divisés avec beaucoup de clarté : en devoirs envers les autres hommes (2), devoirs envers les dieux (3), avec leurs corollaires, devoirs envers les oracles (4) et, par conséquent, corrélation possible entre les devoirs envers les dieux et les devoirs envers nous-mêmes (5). Ces derniers devoirs sont ensuite admirablement analysés. Politien ne craint point de

(1) Chap. XXVIII. « Quod a seipso ad externa conversio, philosophi statum destruit. »

Chap. XXIX. « Solutio emergentium in ejus animo cogitationum, qui philosophiam aggrediatur. »

Chap. XXX. « Continuatio eorum solutionis, quæ philosophari incipientem impediunt. »

Chap. XXXI. « Quæ sunt communia etiam ex naturæ voluntate. »

Chap. XXXII. « Mali naturam in mundo non esse. »

Chap. XXXIII. « Quam putanda sit animi perturbatio, quidve agendum, ne in eam incidamus. »

Chap. XXXIV. « Efficax considerandi exemplum, quid quaque in re, quam simus aggressuri, accidere possit. »

(2) Chap. XXXV. « Quod officia a natura ducuntur, quodque ut sese quisque adversus quempiam habeat considerantur. Tum de officiis erga homines. »

(3) Chap. XXXVI. « Officia adversus deos. »

(4) Chap. XXXVII. « Qualem se ad divinationem adhibere, de quibus vatem consulere, quomodo divinationibus uti oporteat : in quo simul et officium erga deos et erga nos ipsos existit. »

(5) Chap. XXXVIII. « Officia erga nos ipsos, ac de iis primo, quæ ad morum constantiam faciunt, quæve ea impediunt et de sermone in primis ac silentio. »

Chap. XXXIX. « De risu. »

Chap. XL. « De jurejurando. »

Chap. XLI. « Adversus cupiditatem ac primo de conviviis. »

Chap. XLII. « De eorum, quæ ad corpus pertineant, usu. »

Chap. XLIII. « De re venerea. »

les diviser et de les subdiviser pour bien mettre en relief tous ces conseils particuliers dont abonde le *Manuel*, sur l'usage de la parole, le silence, le serment, notre attitude à table, en compagnie, sur l'usage des biens du corps, sur les spectacles, les réunions publiques, etc.

Et, jusqu'aux derniers chapitres, Politien continue à détailler ces préceptes, avec une précision remarquable, achevant ainsi son œuvre d'analyse (1).

Cette énumération quelque peu fastidieuse des chapitres était nécessaire pour faire comprendre comment Politien avait su saisir dans l'ensemble cette doctrine si simple et si forte, et comment il l'avait pénétrée dans le détail. Il n'avait point

Chap. XLIV. « Adversus iracundiam, et quales nos erga detractores præbeamus. »

Chap. XLV. « De spectaculorum cupiditate. »

Chap. XLVI. « De auscultationum cupiditate. »

Chap. XLVII. « De congressu cum potentioribus. »

Chap. XLVIII. « Quomodo præparare nos debeamus, potentiorem adituri. »

Chap. XLIX. « De congressibus cum plurimis. »

Chap. L. « Quomodo resistendum voluptati. »

Chap. LI. « Agendum bonum propter seipsum, reliquis neglectis, ac primo de justitia. »

Chap. LII. « Quod non bonum simpliciter, sed quod nobis faciat, eligendum. »

Chap. LIII. « Quomodo animum vel ab irrationalibus affectibus, vel a suo perverso judicio servemus. »

Chap. LIV. « De eorum, quæ ad corpus pertineant, possessione. »

(1) Chap. LV. « De officio et cura erga uxorem. »

Chap. LVI. « Degeneris signum, deque nimio corporis cultu. »

Chap. LVII. « Præceptum ad patientiam ac mansuetudinem. »

Chap. LVIII. « Quod res omnes partim alteræ alteris consentiunt, partim dissident. »

Chap. LIX. « De sermonum congruentia. »

Chap. LX. « De judicio rerum exacto. »

Chap. LXI. « Adversus gloriam atque ostentationem et primo circa scientiam. »

Chap. LXII. « Adversus sobrietatis, tolerantiæque ostentationem. »

Chap. LXIII. « Descriptio triplicis habitus, ineruditi, philosophi et proficientis. »

Chap. LXIV. « Quod verba propter opera. »

Chap. LXV. « Quod in his perseverandum. »

Chap. LXVI. « Quod supersedendum non est, sed quam primum ad hæc incumbendum. »

Chap. LXVII. « Tres loci in philosophia, eorumque inter se ordo. »

Chap. LXVIII. « Tres antiquorum sententiæ in promptu habendæ quarum prima Cleantis, Euripidis secunda, tertia Platonis, est. »

voulu là faire seulement œuvre de philologue, mais bien œuvre de philosophe, en mettant ainsi en relief tout ce qu'il avait senti dans ce petit traité de merveilleusement efficace pour ses contemporains et pour lui-même. Il a vraiment montré comment ces chapitres, qui apparaissent sans lien, convergent tous pourtant vers un centre unique, la distinction entre les choses qui dépendent de nous et celles qui n'en dépendent pas, distinction intimement liée à celle que les Platoniciens mettent à la base de leur philosophie entre le corps et l'âme.

Mais s'il est possible de reprendre ainsi toute l'analyse du *Manuel* par la simple révision des titres, cela tient encore à cette perspicacité du traducteur, qui sait toujours dans un paragraphe distinguer le mot essentiel pour l'encadrer dans un titre. Soit le chapitre IV par exemple, qui roule tout entier sur l'imagination, et l'imagination pénible, il l'intitule : « Quo nos pacto in aspera quavis imaginatione gerere oporteat. » Au chapitre VIII, il est parlé du trouble que l'homme ressent de l'opinion qu'il se fait des choses. C'est encore sur ce mot *trouble* qu'appuie le traducteur : « De perturbatione declinanda, etc. » Au chapitre XXV, il faut aller tout à la fin pour trouver le mot de liberté, sur lequel porte cependant tout ce développement. Politien le comprend et l'exprime ainsi : « Quæ via ad libertatem expeditissima sit. »

Mais, en même temps que traducteur intelligent, Politien se montre traducteur fidèle. Fidèle, en ce sens qu'il sait observer ces nuances subtiles entre les termes que la philosophie stoïcienne tient si proches les uns des autres. Ce n'est pas indifféremment qu'il use de synonymes, se servant tantôt du mot « imaginatio », tantôt du mot « opinio » (1), par exemple. L'imagination repré-

---

(1) Cf. version cit., cap. 1. « Eorum quæ sunt, partim in nobis est, partim non est. In nobis est opinio, conatus, appetitus, declinatio et (ut uno dicam verbo) quæcunque nostra sunt opera. Non sunt in nobis, corpus, possessio, gloria, principatus, et uno verbo, quæcunque nostra opera non sunt. Quæ igitur in nobis sunt, natura sunt libera nec quæ prohiberi impedirive possint. Quæ in nobis non sunt, ea imbecilla, serva, et quæ prohiberi possint, atquæ aliena. »

Cf. ibid., cap. IV. « Continuo igitur in quavis aspera imaginatione disce considerare, imaginationem esse illam... »

Cf. paragraphes 1 et 5 du chapitre 1er des éditions modernes.

sente bien pour lui l'image passive que forme en nous la repré-
sentation de l'objet extérieur, et l'opinion est cette image
acceptée par le jugement. Du reste, jamais Politien ne semble
céder au goût de son temps, au plaisir d'arrondir ses phrases,
de faire de l'éloquence. C'est le plus souvent mot à mot qu'il
traduit le texte grec, et c'est peut-être cela surtout qui fait
la valeur de sa traduction. Il suffit de parcourir le premier
chapitre et de le comparer au texte grec définitif, nous serons
aisément convaincus que Politien le suit mot à mot.

D'autre part, s'il est nécessaire pour la clarté du sens de
répéter le même mot, Politien ne s'en fait point scrupule et
ne se soucie nullement de sacrifier l'exactitude à la variété du
vocabulaire. Relisons le chapitre XII, et nous pourrons noter
facilement combien de fois il reprend le même terme (1); mais
sans que cette répétition nuise d'aucune sorte à sa traduction,
elle ne fait qu'y gagner en vigueur.

Puis les jolies et pittoresques métaphores d'Épictète, lorsqu'il
compare la vie à un banquet, à une comédie ou à un voyage;
l'homme qui la vit au convive qui laisse avec indifférence passer
les plats, sans les retenir, en les touchant à peine, à l'acteur
qui joue son rôle, ou au passager qui ne quitte pas des yeux le
pilote, pour ne point manquer à son appel; comme le traducteur fait revivre le charme et la vigueur de ces symboles, et
cela tout simplement, en les rendant avec la plus scrupuleuse
exactitude (2)!

Politien semble, du reste, goûter tous ces mots qui font image,

(1) Version cit., cap. XII. « Ne velis, quæ fiunt, fieri ut velis : sed velis, quæ
fiunt ut fiunt, et prosper eris. Morbus corporis est impedimentum ; propositi vero
minime, nisi ipsum velit ; claudicatio, cruris impedimentum est, propositi vero
minima. Atque hoc in quocunque incidentium considera : inveniesque id alterius
esse impedimentum, non tuum. »

(2) Ibid., cap. XX. « Memento oportere te in convivio versari. In quo si fercula
ad te perveniunt, extenta manu modeste carpe ; si transit, qui fert, ne eum detine ;
si nondum pervenit, ne procul appetitum extende, sed expecta dum ad te veniat. »

Cap. XXII. « Memento, actorem te esse fabulæ, quamcunque is velit qui docet.
Si brevem, brevis : si longam, longæ. Si mendicum agere te velit, et tunc inge-
niose age. Si claudum, si principem, si privatum, ad te enim pertinet, datam tibi
personam bene agere : eligere ad alium. »

Cap. XI. « Quemadmodum in navigatione, ubi in portum est ventum, si exeas il ne manque point une occasion de s'en saisir, soit qu'il les trouve directement dans Épictète, soit qu'il puisse les glisser dans sa traduction sans fausser le sens. C'est le corbeau qui fait un croassement de mauvais augure (*si corvus adversum crocitabit*) (1), l'imagination qui vous saisit (*ab imaginatione videlicet correptus*) (2), le poste que Dieu nous a confié et où il faut que nous restions (*tanquam sis a Deo in hac acie collocatus*) (3), mais où, si nous faiblissons (*si vero iis tergu dederis*) (4), nous serons doublement exposés à des quolibets (*duplici irrisione afficieris*) (5). C'est aussi le philosophe de fraîche date, que l'on accuse d'apparaître tout à coup (*repente... philosophus emersit*) (6), et qui est déchu de son rang dès qu'il se tourne vers les choses extérieures (*scito te de statu decidisse*) (7). Et l'on pourrait reprendre encore tout ce chapitre où Politien parle des jeux olympiques et où il suit pas à pas Épictète, dans tous les détails concrets qui expliquent ce qu'il est nécessaire de faire pour être vainqueur (8). « Bene sese instituere, necessariis vesci, abstinere condimentis, exerceri ad necessitatem, ad præscriptam horam, in æstu, in frigore, frigidam non bibere, non vinum, etc. »

Mais résumons ces remarques : ce qui fait surtout le mérite de cette traduction, c'est, semble-t-il, que l'auteur y a fait revivre Épictète lui-même, car il rend à merveille ce tour vif qui devait être celui de sa parole, cette langue imagée qui lui permettait de vulgariser sa doctrine, et aussi cette phrase courte, hachée parfois, qui donnait au précepte la force d'une loi, d'un véritable commandement.

---

aquatum, incidit, ut cochleas in itinere, aut bulbulos colligas, animum tamen ad naviginem intentium habere convenit, et sæpe respicere, an gubernator vocet; et, si vocet, omnia illa objicere, ne vinctus eo conjiciaris instar pecudum, etc. »

(1) Version cit., cap. XXIII.
(2) Ibid., cap. XXV.
(3) Ibid., cap. XXVII.
(4) Ibid., cap. XXVII.
(5) Ibid., cap. XXVII.
(6) Ibid., cap. XXVII.
(7) Ibid., cap. XXVIII.
(8) Ibid., cap. XXXIV.

Voilà, certes, des raisons suffisantes pour expliquer le succès de la version de Politien pendant presque tout un siècle; et si nous songeons, de plus, à cette habitude qu'avaient alors tous les auteurs de se copier les uns les autres, nous ne nous étonnerons plus qu'elle ait été reprise si souvent, même après la publication d'un texte complet et correct.

CHAPITRE II.

LES DESTINÉES DE LA VERSION DE POLITIEN.

La version de Politien semble occuper, en effet, toute la première partie du XVIᵉ siècle. Aucun effort de traduction sérieux n'apparaît pendant plus de cinquante ans. Cependant Épictète n'était point délaissé. Des éditions nouvelles se succèdent même avec une rapidité qui nous étonne. Il importe de les signaler, puisqu'elles n'eurent pas même le privilège, tout en publiant un texte exact et complet, d'entamer le crédit que l'on accordait alors à la version de Politien. Nous avons déjà noté l'édition de 1528, qui peut être considérée comme l'édition type des *Simpliciani Codices*. Elle était datée de Venise. Nous en trouvons une seconde toute proche, en 1535, qui contient à la fois le *Manuel* et les *Entretiens* en grec. Son auteur, Trincavelli, est un helléniste et médecin distingué. Originaire de la Toscane, d'une famille noble et riche, il commença ses études à Padoue, les acheva à Bologne, et témoigna durant ce temps d'une rare aptitude à la fois pour la médecine et la littérature grecque. Dans la suite, il dut s'appliquer tout particulièrement à la philosophie, puisqu'il occupa, dit-on, une chaire de philosophie et publia des éditions grecques fort estimées, et parmi celles-ci : les *Commentaires* d'Arrien et l'*Enchiridion* d'Épictète (1), et d'autres ouvrages.

Dans la préface qu'il écrit (2) à Georges de Selve, évêque

(1) Victor Trincavelli, *Arriani Epictetus* (Venise 1535, in-8).
(2) « Georgio a Selva Vaurensi episcopo, ac christianissimi Gallorum regis ad Senatum venetum, oratori amplissimo, Victor Trincavellus felicitatem. »

de Lavaur, ambassadeur de France à Venise, ce médecin philosophe nous montre qu'il comprend Épictète de la même manière
que le délicat humaniste Politien : même préoccupation de part
et d'autre. Ce qui décide l'auteur à entreprendre ce travail fort
important par ailleurs, c'est moins le goût d'un lettré qui
veut établir un texte, que le désir de répandre dans le public
un ouvrage d'une utilité morale incontestable.

Frappé de l'étrange contraste entre la grandeur et la faiblesse
de l'homme, de la facilité avec laquelle il s'élève très haut ou
retombe très bas, enfin de cet éternel combat que se livrent en
nous les sens et l'esprit, et où les biens du corps, ceux de la
fortune, les mauvaises habitudes, les conversations malsaines,
les livres dissolus amènent infailliblement la défaite de l'esprit,
Trincavelli ne voit contre ce mal qu'un seul remède : le bon
exemple des hommes et des livres. Dès longtemps, ayant cons-
taté à son époque une grande pénurie de bons exemples et de
bons livres (1), il avait rêvé de mettre au jour quelque bon
auteur, lorsqu'il lui en tomberait un entre les mains (2). L'occasion se présente admirable avec ces doctes et substantiels
Entretiens qu'il vient de découvrir dans la bibliothèque de
Georges de Selve. Aussi n'aura-t-il ni cesse ni repos qu'il
n'ait l'ouvrage en sa possession pour le vulgariser, à la grande
utilité des gens d'étude.

Il avait été, en effet, frappé de la beauté, de l'élégance de
cet opuscule ; hormis les livres sacrés, il ne connaît rien de si
haute valeur (3). Voilà les raisons qui ont poussé Trincavelli

(1) Cf. préf. cit. : « His vero auxiliis si prioribus unquam sæculis indiguerunt
homines, his ipsis temporibus maxime videntur egere, quibus adeo humanæ
vitæ ratio contorta et depravata est, ut apud plerosque, virtus ipsa tanquam
vanum et inane nomen habeatur. »

(2) Ibid. « ... si quæ mihi offerentur optimorum authorum, monumenta,
quæ diutius in tenebris latuissent... statim curare, ut in lucem prodirent, et a
mendis quam maxime fieri posset expurgata, et pulcherrimis formulis excussa
ut hac etiam ratione homines ad sui lectionem allicere possint... »

(3) Ibid. « Cum igitur, vir clarissime, superioribus forte diebus ad manus meas
pervenisset libellus quidam ex doctissima et copiosissima tua bibliotheca depromptus,
ejus pulchritudine ac elegantia allectus, non potui me ab illius lectione continere,

à entreprendre cette édition; elles sont d'ordre moral et donnent
bien à Épictète, dans cette restitution du passé glorieux de
l'antique Grèce, une place tout à part. Pour la première fois
avec Trincavelli, les *Entretiens* sont répandus dans le public.
Quelle est, au juste, la valeur de son texte? Il ne nous appar-
tient pas ici de l'établir; ce qui nous intéresse, c'est le *Manuel*
qui l'accompagne et qui bénéficie d'un texte plus correct et
plus complet que celui de Politien (1). Une nouvelle édition
avait paru à Nuremberg en 1529, et à Bâle en 1531, dont
il faut tenir compte, bien qu'elle soit encore accompagnée de
la traduction de Politien et de sa lettre à Laurent de Médicis.

Nous avons eu entre les mains et reliées en un seul volume
ces deux éditions; l'une, portant la date de 1529 et publiée
à Nuremberg par Haloander; l'autre, celle de 1531, et publiée
à Bâle par Cratander (2). Ces deux éditions sont identiques et
le texte du *Manuel*, très proche de notre texte définitif, est
divisé en 62 chapitres. Si nous voulons nous rendre compte
du progrès de la morale d'Épictète et des raisons de son succès
croissant, il faut lire la préface latine qu'Haloander adresse
à *D. Julio Pflugk viro clarissimo...*

Si Haloander a choisi ce texte comme sujet de ses études,
c'est qu'il est fatigué des luttes d'école et qu'il sent le besoin
d'une philosophie pratique, capable de lui apprendre non plus
à discuter sur de vaines questions, mais à conquérir le calme
de l'âme. Rien de semblable dans Platon, ni dans Aristote (3).
Puis, pour fonder logiquement ce qu'il avance, l'auteur esquisse

qua cum mirifice delectatus essem, mihi præ cæteris omnibus liber ille (sacros
semper excipio) proposito negotio non modo utilissimus, verum etiam imprimis
necessarius visus est... a te petere et efflagitare non destiti, donec in communem
studiosorum utilitatem in vulgandum mihi tradidisti. »

(1) Cf. Schweighäuser, ouvr. cit.

(2) Cf. (B. N., Réserv. R 2750-2751) ces deux éditions reliées en un seul
volume.

(3) Cf. préf. cit. : « Cum de integro novas litterarum formas græcosque
characteres instituisset Joan. Petreius, homo singularis industriæ et qui in pro-
vehendis bonis litteris neque laborem fugit, neque sumptui parcit : magnum me
operæ precium facturum arbitratus sum, si in gratiam studiosorum de bibliotheca mea libellum, qui breves quasdam ex numerosis Epicteti Stoici voluminibus

comme un plan du *Manuel* (1). Il reprend sous une forme plus
succincte ce qu'avait fait Politien en développant les titres de
ses chapitres. Politien n'est donc point oublié, et ce qui le
prouve, c'est qu'Haloander et Cratander reprennent tous deux
sa traduction et la lettre à Laurent de Médicis (2)!

Les successeurs d'Haloander vont néanmoins bénéficier des
améliorations qui viennent d'être apportées au texte du *Manuel;*
nous l'avons vu avec Trincavelli, nous allons le constater à
nouveau avec la traduction latine du *Commentaire* de Simplicius, que Caninius publia à Venise en 1546.

Savant grammairien, assez érudit en langues grecque et orien-
tales, Caninius occupa tour à tour les chaires de Padoue, Bologne,
Rome. Suivant quelques-uns, il vint même comme professeur

ab Arriano in unum congestas sententiolas continet, primus in lucem proferrem :
qua re et mea opera Petreius suæ erga recta studia voluntatis documentum daret,
et ad studiosos minime vulgaris utilitas perveniret. Ejusmodi enim libellus est,
ut non solum ob præceptionum brevitatem (unde et ad instar militaris pugiunculi
Enchiridii nomen meruit) diu noctuque in manibus versari debeat : sed etiam
propter eruditionis copiam et sententiarum gravitatem ab omnibus memoriæ com-
mendatus sit. Atque adeo, ut libere et ex animo dicam quod sentio : non video
causam, quamobrem non vel prolixis Platonis, vel acutis Aristotelis disputationibus anteferendus sit... quid obsecro tam admirabile vel in Platone, vel Aris-
totele, si ex illo dicendi copiam et Socratis personam (qui tamen nihil certi
decernit, in multis sibi ipsi non constat) ex hoc acrimoniam in disputando
adimas ?... In hoc non solum omnia ad virtutem esse referenda disputatur (quod
tamen illi usque quaque et perpetuo non faciunt) sed etiam quid facto opus sit,
quomagis habitum quemdam (ut vocant) in animo adsequamur, et quasi in pos-
sessionem virtutis constituamur, clare ostenditur. »

(1) Cf. préf. cit. : « Et quoniam prius, quam eo perveniamus, quibusdam veluti
gradibus indigemus : recte inibi atque ordine præcipitur, ut et res extra nos positas
nihil pendamus, nimirum ex quibus neque boni, neque mali reddamur : et quæ
intra nos sunt, ita ad virtutem, accommodemus, ne vel latum (quod aiunt) digi-
tum a pulchro illo ac honesto discedamus. Tum quid de Deo sentiendum, in cujus
voluntatem ac providentiam referenda sint omnia. Post modum quo animo erga
opus, erga opes, erga honores ; quo erga uxores, liberos, patriam ; quo erga
nosmet ipsos esse debeamus, sive in publico, sive soli sumus... etc... »

(2) Ibid. « Curavi, ut in finem adjiceretur ab Angelo Politiam latinus factus : quomagis et hi qui, græca nesciunt, de opere gustum aliquem atque specimen haberent :
non quod per omnia mihi satisfaciat (multa enim perperam admissa sunt sine
incuria interpretis sine vicio exemplaris, quæ veniam vix merentur) sed quod a
gravioribus occupationibus tantum ocii ac vacui temporis impetrare non potuerim,
ut hanc illi operam darem. »

au collège de Cambrai, après avoir passé en Auvergne chez l'évêque Guillaume Duprat, dans l'intention de lui demander des lettres de recommandation pour Paris (1). Épictète, avec lui, pénétrait ainsi directement en France par le *Commentaire* de Simplicius, et la version de Politien s'améliorait aux passages altérés ou incomplets, tout en ne perdant rien de son crédit.

Caninius en avertit du reste fort nettement le lecteur dans la préface qu'il adresse à Jean Casa, archevêque de Bénévent et légat du Souverain Pontife à Venise. Il suit le sillon tracé par tous ces éditeurs ou traducteurs d'Épictète. Il témoigne des mêmes soucis, de ce même désir de se préoccuper des règles pratiques de vie; il rend les mêmes hommages à Épictète, qui lui paraît, à lui aussi, avoir approché comme nul autre philosophe de la vérité chrétienne. Quant à Politien (1), il rappelle comment cet homme érudit avait autrefois traduit Épictète en latin, bien qu'il n'ait eu entre les mains qu'un manuscrit infidèle et qu'il ait été obligé d'ajouter et de retrancher au texte de sa propre autorité.

Caninius a essayé d'y remédier. Il veut restituer les parties qui ont été laissées de côté par Politien, supprimer au contraire celles qui ont été ajoutées ou prises du *Commentaire*. Nous retrouvons alors dans le texte du *Manuel* qui précède par sections le *Commentaire*, la version de Politien à peu près exacte,

(1) Cf. *Simplicii... Commentarius in Enchiridion Epicteti latine Angelo Caninio interprete* (Venise, apud Hieronymum Scotum 1546, in-fol.), Préface... « Verum haud scio an ullus unquam aptius ac felicius uno Epicteto qui hanc partem optime executus est, nec verbis modo, quod plerique omnes faciunt, sed vita quoque, sua, nobis bene vivendi, id est ut Natura parens præstantissima jubet, viam ostendit ac patefecit. Tam recte enim et commode de humanis, tam vere ac pie de divinis locutus est, ut neminem ad christianæ religionis certissimam veritatem magis credam accessisse. Hujus viri Enchiridion (sic enim inscribitur) Angelus Politianus, homo eruditissimus olim in latinam linguam converterat, quanquam fidelis codicis copia, ut ipse quoque testatur destitutus. Multa itaque partim sua, partim de Simplicii commentario sumpta adjecerat, pleraque reliquerat. Nos itaque mensibus superioribus Simplicium, qui doctissime Epictetum interpretatus est, in latinum vertimus : loca quæ a Politiano prætermissa fuerunt reposuimus; quæ adjecerat detraximus et quæ de Simplicio mutuatus fuerat, suis locis restituimus idque, emendati exemplaris fide adjuti efficimus... »

avec la même division de chapitres, les mêmes titres, mais des corrections aux passages qui avaient été altérés; et Politien restait ainsi encore le maître de la traduction latine du *Manuel*. Ce qu'il y a de plus curieux, c'est que les érudits français qui vont reprendre le texte de Bâle après 1531, et qui par conséquent jouiront d'un texte à peu près exact, ne craindront pas de joindre encore à leurs éditions la traduction de Politien et, cette fois, sans même en avertir le public par une préface quelconque.

Nous trouvons, en effet, édités à Paris en 1540 (1) par un certain Neobarius, deux petits opuscules, l'un contenant le texte grec du *Manuel*, d'après l'édition de Bâle, l'autre ce même texte grec mais joint à la traduction latine de Politien et à la lettre à Laurent de Médicis.

Puis, en 1552, une deuxième édition du même genre est publiée par un professeur de grec : Tusanus ou Toussaint, disciple de Budé, ami d'Érasme, maître de Turnèbe et d'Henri Estienne, auquel François Ier avait confié une chaire de grec, sans doute vers 1530. Cette première édition ne fait que reproduire le texte grec de Neobarius, puis, en 1567, l'auteur la reprend en y joignant la version de Politien (2).

En Allemagne, le fait nous apparaît bien plus frappant encore. La version de Politien est encore publiée par l'humaniste Jacobus Scheggius (3), si toutefois l'on peut appeler humaniste ce médecin philosophe qui, au lieu d'exercer la médecine, s'essaya à redonner quelque vogue à la dialectique

(1) Cf. Ἐγχειρίδιον Ἐπικτήτου mille in locis castigatum. (Parisiis per Conrad. Neobarium, 1540, in-4°.) B. N., R. 5890.
Epicteti Stoici Enchiridion, e græco interpretatum ab Angelo Politiano. (Parisiis per Conradum Neobarium, in-4°, 1540.) B. N., R. 5891.

(2) Ἐγχειρίδιον Ἐπικτήτου multis in locis a Jacobo Tusano... (Parisiis 1552, in-4°.)
Enchiridion Epicteton multis in locis castigatum (a Tusano) cum lat. vers. Politiani. (Parisiis 1567.)

(3) « Arriani Nicomediensis de Epicteti philosophi, præceptoris sui, dissertationibus libri IV, saluberrimis, ac philosophica gravitate egregie conditis, præceptis atque sententiis referti, nunc quam primum in lucem editi [Jacobo Scheggio medico physico Tubingensi, interprete]. »
« Accessit Epicteti Enchiridion, Angelo Politiano interprete, græca etiam latinis

d'Aristote. Il lutta contre Ramus qui travaillait à une réforme toute contraire, mais il perdit son temps. Aristote ne revint point en faveur, tout au moins sous la forme qui avait fait son succès au moyen âge. Comment Scheggius arriva-t-il d'Aristote à Épictète? C'est la question intéressante qui se pose.

D'après la dédicace que son éditeur Sebastianus Schlusslberg adressa au second fils du Mécène allemand, Jean-Jacques Fugger, qui fut comme son père ami des lettres et possesseur d'une magnifique bibliothèque, Schlusslberg avait demandé directement à Jacobus Scheggius de bien vouloir doter la cité d'un ouvrage inspiré des œuvres de Platon et qui aurait eu, de plus, le mérite de donner des règles pratiques de vie. Les *Entretiens* d'Arrien n'avaient point encore été édités en Allemagne, et cette publication répondait à un besoin réel, surtout si l'on y joignait une traduction latine (1). Il n'y avait certes point dans cette dédicace d'indication qui aurait pu justifier une interprétation aristotélicienne d'Épictète, et c'est cependant ce que fit le traducteur. Si bien que la critique philosophique a pu noter dans la suite (2) que si Scheggius fut un helléniste distingué, il ne fut point

adjunximus, ut commodius ab utriusque linguæ studiosis conferri possint. » — (Basileæ, per Joannem Oporinum, 1554.)

(1) Cf. édition citée, dédicace latine de Schlusslberg : « Constat enim omnibus atque etiam mediocriter eruditis exploratissimum est, Epictetum philosophum veram ac purissimam Platonis philosophiam assectatum, ea duntaxat prodidisse quæ ad cultum morum vitamque recte ac sancte instituendam pertinerent : quæ certe philosophiæ pars, humanæ vitæ in primis utilis ac necessaria omnium judicio existimatur... Rogavi itaque optimum et doctissimum virum Jacobum Schekium ut hunc libellum latina civitate donaret : qui hoc ipsum sano erudite et bona fide absolvit atque etiam loca difficiliora suis haud contemnendis commentariis illustravit. Quæ omnia mihi studiosorum ac communis utilitatis causa, in lucem efferre visum fuit. Sicuti in præsentia Arrianus noster græcus hactenus (quod ego quidem sciam) in Germania nunquam editus, una cum versione latina et adjectis scholiis, typis excusus prodit. »

(2) Cf. Brucker, *Histoire de la philosophie*, t. IV, p. 295. « Et tentavit quidem stoica quoque, et Arriani dissertationes Epicteteas in Latinum sermonem transtulit: parum fovente Minerva vero hunc eum laborem suscepisse, passim viris doctis observatum est (Casaubonus, ep. 597) : cujus præcipua causa esse videtur, quod satis quidem feliciter græcam linguam teneret, verum a stoicæ philosophiæ cognitione esse destitutus sine qua talis labor inutiliter suscipitur. »

philosophe et surtout point stoïcien; mais, rendons-lui cette justice, il ne prétendit point l'être. Il nous avoue lui-même dans une préface au lecteur, comment il se mit à l'œuvre et comment il s'en acquitta. Un savant du nom de D. Jo. Alexander Brassicanus l'avait précédé dans cette voie. Certes, ce dernier, avec son bagage de livres variés, sa grande érudition, aurait pu mener avec honneur et à bonne fin une tâche aussi difficile, si le destin ne l'avait point arraché au cours de ses travaux. Scheggius voulut donc terminer cette tâche commencée; il espéra quelque temps la bien achever, mais il ne tarda point à s'apercevoir qu'il avait trop présumé de ses forces. Le temps, de plus, lui manqua et il se tira d'affaire en simplifiant ses *Notes* (1). Ces éclaircissements, que réclame un texte parfois obscur et délicat, il les réduisit le plus possible, il supprima surtout ceux qui avaient un caractère vraiment philosophique. Et de fait, si nous parcourons ses annotations, nous serons frappés de la pauvreté du commentaire philosophique, qui se borne à quelques rapprochements avec Aristote, tandis qu'au contraire, les indications purement historiques sont assez nombreuses quoique d'un intérêt purement bibliographique.

(1) Cf. Édition citée, préface au lecteur : « Verborum atque orationis Arriani sensum, quoad potui sum interpretatus hac versione. » Puis parlant des notes : « Quod ego in præsentia tamen magis coner quam præstem, brevitate temporis impeditus... Plenissime id quidem doctissimus D. Jo. Alexander Brassicanus olim varia et librorum supellectile et summa eruditionis ingeniique copia fretus, præstare potuisset : ac præstitisset etiam, nisi e medio cursu fati necessitas ipsum abripuisset : cujus ego propositum et voluntatem sequi me etsi fateor, exsequi tamen, aut assequi si me sperem, plane ineptus sim, et hac ipsa confidentia, nimis arrogans et protervus. Itaque sic habetote, candidi lectores, me maluisse vestra causa parum lucis, quam omnino nihil, ad intelligenda Arriani scriptorum quædam loca afferre in medium, non tam ut studium quam voluntatem meam vobis probarem : quod vel hac qualicunque et mediocri quadam industria me consecuturum. Sum arbitratus, in qua magis conatus meus quam facultas juvandi communia studia appareat. Sed ad rem ipsam accingor, omissis excusationum deprecationumque ambagibus. Si quæ singulorum librorum in capitibus singulis difficiliora inesse, quam ut a quolibet intelligantur visa fuerint, annotatiunculis planiora faciam, nec explicabo, ut dicitur, ad amussim, sed attingam duntaxat loca, e quibus non nullarum disputationum explicatio sit requirenda, præsertim si prolixa sit et philosophica, quæ paucis tractari nequit. »

Pour le *Manuel*, dont le texte se conforme à celui de Trincavelli (1), les annotations sont encore plus pauvres. Celles que
nous trouvons en marge sont inspirées soit de l'édition première
de Venise, soit de celle de Bâle ; parfois ce sont des conjectures
du traducteur lui-même. Puis, pour couronner ce travail, contrairement à ce que nous pouvions attendre après ces améliorations
de texte apportées de toutes parts, l'humaniste publie une fois
encore la traduction latine de Politien. Sans doute, il a droit
d'alléguer qu'il manqua de temps pour s'acquitter comme il
aurait fallu de cette tâche d'écrire une nouvelle traduction.
Mais ne pourrait-on pas aussi lui répondre que la version du
Manuel était bien peu de chose auprès de celle des *Entretiens*,
et que s'il s'acquitta tout à son honneur de cette première
traduction, il aurait pu et dû terminer sa tâche ? Il faut chercher
ailleurs la vraie raison de cette abstention. Elle est dans ce fait
que Politien avait malgré tout obtenu le respect qui accompagne
toujours celui qui a joui de près d'un demi-siècle de crédit.
Scheggius subit le prestige de la renommée ; comme les autres,
il copia une fois de plus son illustre prédécesseur, et c'est ainsi
que la traduction de Politien se trouvait encore seule en vogue
lorsque parut, en 1554, à Strasbourg, une traduction nouvelle
suivie de *Commentaires*.

CHAPITRE III.

TRADUCTION LATINE DE NAOGEORGIUS.

L'auteur de cette traduction (2) est un certain Thomas
Naogeorgius, de son vrai nom : Thomas Kirchmaier ; il fut, en

(1) Cf. Schweighäuser, op. cit. : « Est quidem in hac editione græcus
contextus Enchiridii pariter atque Dissertationum ex Veneta secunda (c'est-à-dire
édition de Trincavelli) ita ad verbum expressus ut ab illa nonnisi perraro et
minutis in rebus, correcto aliquo manifestiore sphalmate aut novo errore
admisso discedat » (p. xxx).

(2) « *Moralis philosophiæ medulla*, docens quo pacto ad animi tranquillitatem,
beatitudinemque præsentis vitæ perveniri possit. Nempe *Epicteti Enchiridion*
græce ac latine cum explanatione Thomæ Naogeorgii. Argentorati excudebat
Vuendelinus Rihelius, anno MDLIIII (63 chapitres). »

même temps que lettré, pasteur protestant. Ce fait a son importance, car il explique la note toute religieuse des *Commentaires* ; l'auteur avait ainsi à sa disposition non seulement les textes profanes de l'antiquité, si chers aux humanistes de son temps, mais les textes complets des Livres saints, de l'Ancien et du Nouveau Testament.

Né en Bavière en 1511, il rythma de bonne heure des vers latins, mais se signala par ailleurs par son esprit d'hostilité contre les catholiques. Dans un poème qu'il dédia à Philippe, landgrave de Hesse, et qu'il intitula : *Bellum papistinum*, il fit une satire violente des abus des catholiques romains. D'autre part, bon humaniste, il entendait assez bien le grec et c'est ce qui explique que la version qu'il fit du *Manuel* mérite d'attirer l'attention des lettrés.

Si nous comparons, en effet, la traduction de Naogeorgius à celle de Politien, nous reconnaîtrons qu'elle est faite sur un texte plus correct, puisque l'auteur réussit à éviter les erreurs des derniers chapitres, mais nous y trouverons peut-être moins de vivacité, moins d'exactitude ; le traducteur suit le grec de moins près, il a aussi le précepte moins incisif, l'impératif moins catégorique. Quand au chapitre VI Politien écrit : « Si ollam diligis, dic ollam diligo », Naogeorgius traduit (chap. IV) la même phrase par une proposition indirecte, ce qui, certes, ralentit le mouvement : « Quod ollam diligas. » D'autres fois, le traducteur emprunte aux Latins, à Cicéron par exemple, ses termes philosophiques. Il traduit par *visum* le mot φαντασία des Grecs, que Politien avait rendu par *imaginatio* ; par *decreta* le mot grec δόγματα que Politien traduit par *opiniones*...

Mais il sait, d'autre part, reconnaître les mots pittoresques trouvés par Politien et les garde. Au chapitre XVIII, il écrit aussi : « *Quando corvus adversum crocitaverit.* » Politien avait écrit « *crocitabit* », « *ne te* φαντασία, *id est visio corripiat* », très proche de la traduction de Politien : « *Ne te imaginatio corripiat.* » Parfois pourtant on sent plus de recherche dans le choix des mots chez Naogeorgius. Tandis que Politien traduit au chapitre XXIX : « *Hæc te cogitationes ne cruciant* », Naogeorgius fait ce changement : « Hæ te ratiocinationes ne macerent » ; ou bien encore la phrase s'arrondit, vise à plus d'élégance : « Degeneris signum est, insistere iis quæ corporis sunt... », dira Politien. « Vecordiæ signum est, iis immorari quæ ad corporis curam pertinent », reprendra Naogeorgius au chapitre LII.

Comme nous venons de le dire, pour les derniers chapitres il aura néanmoins le mérite incontestable de les avoir le premier traduits d'un texte complet et à peu près correct, celui de l'édition de Bâle (1).

VERSION DE POLITIEN
CAPUT LXIV.

Cum quis ideo gloriatur, quod Chrysippi sententias interpretetur, dicat ipsi secum. Nisi aperte Chrysippus scripsisset nequaquam haberem, unde gloriarer. Sed scripsit Chrysippus non ut qui enim interpretaretur, sed ut secundum se operaretur. Si ergo scriptis utar, tum eorum bonum fuero consecutus. Si autem interpretantem admirer, aut etiam ipse interpretari possim : grammaticum non philosophum admirer aut agam. Quid autem prodest, medicamenta quædam invenisse descripta, eaque intelligere atque aliis tradere : ipsum me ægrotantem minime eis uti.

VERSION DE NAOGEORGIUS
CAPUT LIX.

Cum quis ideo, quod Chrysippi libros intelligere ac exponere sciat gravitatem præ se fert, dic ipse tecum. Nisi Chrysippus scripsisset obscure, nihil haberet ille, unde gravitatem indueret. Ego vero quid volo ? Perdiscere naturam eamque sequi. Quæro igitur quisnam exponere hanc mihi queat et audio Chrysippum posse, accedo eum ; at quæ scripsit non intelligo, quæro igitur qui ea mihi exponat, et hactenus nihil adhuc magnificum. Invento autem expositore, reliquum est, ut præceptis utar. Hoc ipsum solum magnificum est. Si autem ipsam exponendi facultatem admiror, quid aliud quam grammaticus effectus sum, pro philosopho ? Nisi quod pro Homero Chrysippum enarro.

(1) Il nous semble utile d'en donner ici quelques exemples.

VERSION de POLITIEN

Caput LXVI.

Quo te usque differs, ut jam te aliquando dignum his, quæ optima sunt, putes, neque usquam transgredi hæc statuas. Quod si diem de die termino adjicias, non proficis, sed deficis. Jam nunc igitur adsuesce, ut tanquam perfectus vivas, omnibusque, quæ accidant, recte utaris. Et quacunque in re arbitrare propositum tibi certamen, neque illum diem negligas. Quo enim die non proficis, deficis. Hoc igitur pacto Socrates virorum omnium sapientissimus evasit. Quod si ipse nondum es Socrates, at vivere debes ut qui Socrates velis esse.

VERSION de NAOGEORGIUS

Magis proinde cum quis mihi dicit : lege Chrysippum, erubesco, quum non possim paria et consona sermonibus illius facta ostendere.

Caput LXI.

At quod usque tempus differes ut temet dignum iis putes quæ sunt optima, nullaque in re (statuas) transgredi rationem. Accepisti theoremata quibus oportebat te congredi et congressus es. Qualem ergo adhuc doctorem expectas, ut in ejus adventum comperendines tui ipsius correctionem. Non adhuc adolescentulus es sed jam virilem plene attigisti ætatem. Si nunc negligens et socors fueris et dilationem sumpseris in diesque alios ex aliis terminum statueris, post quos tibi attendas, non proficies, sed indoctus vivens, moriensque permanebis. Jam nunc igitur dignum te existimato ut vivas ceu perfectus et proficiens. Et omne quod optimum tibi visum est, lex tibi esto, quam transgredi nefas sit, etiam si difficile quidpiam et suave, aut gloriosum aut inglorium adferatur. Et memento,

VERSION DE POLITIEN

VERSION DE NAOGEORGIUS

modo instare certamen aut adesse Olympia nec quicquam ultra differendum, et in una adhuc victoria obtenta vel perdita sit an profectus aliqua spes sit an nulla. Hoc modo Socrates in absolutum evasit virum, circa omnia semet ipsum incitans, nullum alterum attendens quam rationem. Tu vero, etiamsi nondum Socrates es, sic vivere tamen debes ut qui Socrates esse velis.

Caput LXVII.

Primus ac maxime necessarius locus est in philosophia qui ad usum speculationum pertinet, velut est non mentiri. Secundus qui ad demonstrationes : velut est, cum mentiri non oporteat. Tertius qui ad eas confirmandas et prospiciendas spectat. Hoc est quo pacto, et unde demonstrare id possimus, verum esse aut falsum. Igitur tertius quidem locus necessarius est ob secundum. Secundus vero ob primum. Maxime omnium necessarius, et in quo quiescere oporteat primus est. Nos vero contra facimus. Tertio enim loco immoramur, inque eo

Caput LXII.

Primus ac maxime necessarius in philosophia locus est de usu dogmatum, velut ille, non mentiri. Secundus de demonstrationibus velut, ille unde probetur cur non oporteat mentiri. Tertius, qui hæc confirmat et coaptat, velut ille unde scias, hoc esse demonstrationem. Quid enim sit demonstratio, quid consequentia, quid pugna, quid verum, quid falsum (docet). Proinde tertius locus necessarius est propter secundum, secundus autem propter primum. Maxime autem necessarius et ubi requiescere oportet primus est. Nos vero contrarium facimus. In tertio

VERSION de POLITIEN	VERSION de NAOGEORGIUS
omne nostrum studium conterimus.	enim loco immoramur, inque illo omne nostrum studium est, primum vero plane negligimus. Quapropter mentimur quidem, quomodo autem demonstrare oporteat non esse mentiendum, in promptu habemus.

Caput LXVIII.

Semper hæc in promptum habent. Primum, si renitar, malus ero, gemensque ac plorans sequar. Secundum necessitas omnia sursum versus ad divinam causam ducit volentia et invita. Eam qui lætus sequitur, is vero est sapiens. Sed et tertium. O Criton, si ita diis placet, ita fiat. Me vero Anytus et Melitus interimere quidem possunt, lædere autem non possunt.

Caput LXIII.

In omni re oblata, hæc sunt precanda. Duc, age me, o Jupiter, tuque fatum, quo a vobis sum ordinatus. Sequar enim impiger. Nam etsi nolim, malus effectus nihilominus sequar. Quicunque autem bene concessit necessitati sapiens apud nos (habetur) et divina doctus; (sic enim Socrates dicebat): Verum, o Crito, si sic diis placet, sic fiat. Me vero Anytus et Melitus occidere quidem possunt, lædere vero non possunt.

Ces citations un peu longues ont leur importance. D'une part, elles font mieux ressortir le crédit accordé à la version de Politien puisqu'on n'a pas hésité à la mettre en regard d'un texte tout différent, celui de Bâle, que traduit Naogeorgius; de l'autre, elles permettent d'établir une comparaison immédiate entre les deux traductions, comparaison qui ne fera qu'appuyer les remarques que nous avons déjà faites.

CHAPITRE IV.

LE STOICISME CHRÉTIEN DE NAOGEORGIUS.

La traduction de Naogeorgius n'eut point dans la suite, malgré sa réelle valeur, le succès auquel on aurait pu s'attendre. Pourquoi? Nous trouvons à cela deux raisons. Tout d'abord, elle paraissait en 1554, c'est-à-dire l'année même où l'humaniste Scheggius publiait, en même temps que les *Entretiens*, une nouvelle édition de la *Version* de Politien, puis elle disparaissait quelque peu, noyée dans des commentaires plus religieux que littéraires. Naogeorgius fait, en effet, œuvre d'apologiste plus que d'humaniste, il faut l'étudier à ce point de vue, car Rivaudeau le suivra dans cette voie lorsqu'il écrira ses *Observations sur le Manuel d'Épictète*.

Dès les premières lignes de sa préface, il pose le problème du Souverain Bien. Les stoïciens ont cru à l'identité des deux termes vertu et bonheur, ils ont reconnu avec raison (1) que la vie heureuse réside dans le calme d'une bonne conscience, dans la vertu, mais ils ont eu tort de croire qu'il appartenait à l'homme, avec ses seules ressources, d'atteindre à la vraie félicité. Les efforts des stoïciens ont été vains, parce qu'ils ont manqué de la connaissance de la vraie religion (2).

Naogeorgius se plaît alors à développer cette idée qu'il est impossible pour nous, dans les conditions d'existence où nous sommes, de réaliser la tranquillité d'âme. Nous ne pouvons échapper à l'angoisse de la mort, à l'angoisse des peines et des récompenses qui nous attendent après cette vie. Ceux-là seuls qui ont foi dans le Christ peuvent éprouver le sentiment de sécurité et de confiance qui fait le calme de l'âme. Cicéron a beau

---

(1) Cf. Naogeorgius, op. cit. Præfatio : « Virtus enim perfecta bonam parat, conservatque conscientiam, perducitque ad animi tranquillitatem qua nihil beatius homini obtingere potest. »

(2) Ibid. : « Nihilque his videtur defuisse, nisi veræ religionis et peccati cognitio simul et remissio quibus ad veram solidamque præsentis atque futuræ vitæ voluptatem, tranquillitatemque potuissent pervenire. »

recommander, dans son livre « de la Vieillesse » (1), le mépris de la mort, il ne donne point de raisons suffisantes pour la mépriser (2).

Et là preuve évidente d'ailleurs que la philosophie, qui promet le calme de l'âme, ne peut le donner à cause de l'incertitude de l'au-delà, c'est Socrate lui-même (3). Aux yeux de tous, il a paru quitter la vie avec le plus grand calme, mais il n'en fut rien, car il était incertain du monde vers lequel il allait. Or, nul ne peut être heureux dans l'incertitude de l'avenir (4). Les arguments de la raison sont donc infirmes s'ils ne s'ajoutent à ceux de la foi (5).

Si le problème du Souverain Bien avait été soluble avec les seules ressources humaines, les stoïciens (6) y seraient parvenus, nous dit Naogeorgius, Épictète entre autres, car ce philosophe ne se contenta point seulement de suivre leur morale, en la développant théoriquement, mais il la vécut. Il n'en dira point

(1) Op. cit. : « Tullius in libello de Senectute inquit : Hoc meditatum ab adolescentia esse debet, mortem ut negligamus sine qua meditatione tranquillo esse animo nemo potest. Confitetur aperte tranquillo animo posse neminem ob mortis timorem, sed quam adfert meditationem ut eam negligamus ? Neque enim statim quum volo, etiam possum. Et majorem oportet esse causam, quæ aliam tollat opprimatque, urgentem, ut majorem necesse est adferri causam mortis negligendæ quam reformidandæ. »

(2) Ibid. : « Sed quid facit æternitas ad mortis timorem adimendum ? Quid si æterni sumus futuri in summis cruciatibus et tormentis idve est appetendum et non mors potius ut φοβερώτατον, quæque nos in sempiternas trahat miserias, reformidanda ? »

(3) Ibid. : « Visus est Socrates præ omnibus tranquillissime vita excessisse, sed falso. »

(4) Ibid. : « Nemo maximis de rebus dubitans hilari et læto animo esse potest. »

(5) Ibid. : « Quare hujus viæ rationes infirmæ sunt per se et mancæ, nec ad beatitudinem animique tranquillitatem perducunt quemquam. Si vero accesserint fidei tanquam adminicula, permultum adjuvant promoventque. Et fides non repellit, nec abjicit prorsus rationem sed facile patitur pedisequam esse atque tranquillum animum comparandum adjutricem. »

(6) Ibid. : « Huc Stoici nervos omnes omniaque studia contulerunt, et si quid humanis potuisset institutionibus solis confici, illi utique confecissent quorum ex familia noster etiam Epictetus fuit qui non disputandi ut complures, sed vivendi gratia secutus eorum dogmata videtur, et si quisquam, hic certe tranquillum in hac vita animum consecutus est. »

autant des péripatéticiens, dont il flétrit la morale. Qu'enseignent-ils donc suivant lui ? Une doctrine qui vante la médiocrité, qui accorde dans la vie une valeur trop grande aux biens de la fortune, à ceux qui ne dépendent point de nous ; une doctrine qui veut nous apprendre à garder le juste milieu en tout, qui proclame que l'on ne peut pas vivre heureux si quelque plaisir ne se mêle point à la vie. Naogeorgius trouve ce programme irréalisable. On n'atteint pour lui à la médiocrité que lorsqu'on vise au delà et l'on ne tient le juste milieu qu'après avoir été attiré par les contraires (1). Les péripatéticiens étaient donc mal placés pour attaquer les paradoxes stoïciens comme contraires à la raison, et l'apathie stoïcienne comme impossible et absurde. Sans doute, l'idéal stoïcien est si haut que bien peu y arrivent, mais il fait un appel à d'héroïques énergies (2). Le Christ n'a-t-il point donné les mêmes préceptes ? Lui non plus, dans l'Évangile, ne prescrit point de se mettre modérément en colère (3), mais au contraire, de s'abstenir de toute colère, et il prescrit mille autres choses plus difficiles encore que les para-

(1) Op. cit. : « Sunt qui Stoicis Peripateticos ipsumque præsertim, Aristotelem præferant eo quod Stoicorum dogmata Παράδοξά et parum humana rationique contraria et ἀπάθειαν illam quam docent, plane impossibilem et absurdam arbitrentur, Aristotelem contra vero humaniora tradere et mediocria quibusque ratio facile assentiatur. At nemo Aristotelem admiretur eoque, summum existimet philosophum, solumque lectu ac cognitu dignum, quod ad perturbationum animi mediocritatem hortetur, eamque doceat inque bonis ducat corporis et fortunæ accidentia... Deinde homines ad mediocritatem tantum vocat, atque ita infra mediocritatem eos relinquit... Is vero qui ultra mediocritatem vocat, facilius ad mediocritatem perducit. »

(2) Ibid. : « Talis ponendus erat scopus, qui non a cæcis inertibus negligentibusque facile, sed qui vix a maxime intentis et solicitis feriretur... In arduo sita est virtus adeoque beatitudo ipsa, Hesiodo teste, at quam summo si quis studio conatur ascendere, ob virium autem imbecillitatem impeditur; prope tamen accedat, necesse est. »

(3) Ibid. : « Christus quoque Servator noster eodem docet modo. Non enim mediocriter irascendum, sed penitus non irascendum tradit. Ita etiam omnino non jurandum... Præterea jubet diligere inimicos, benefacere osoribus, orare pro persequentibus et jubet nos nihil solicitos esse quid edamus, aut bibamus, aut quibus tegamur. Quis non videt eum in his et similibus longe supra mediocritatem homines atque ἀπάθειαν..... vocare præceptis, ut in hoc mundo beati sint et animo in omnibus tranquillo ? »

doxes stoïciens : d'aimer ses ennemis, de faire du bien à ceux qui nous haïssent, de prier pour ceux qui nous persécutent, de ne jamais nous préoccuper ni de ce que nous mangerons, ni de ce que nous boirons, ni du toit sous lequel nous reposerons notre tête. Par de tels préceptes, n'a-t-il point appelé les hommes au delà de la médiocrité et même de l'apathie?

Voilà pourquoi l'apôtre Paul peut nous ordonner de nous réjouir dans les maladies, dans les tourments, les injustices, les afflictions, les angoisses. Or, quel autre pourrait se réjouir dans de telles circonstances, sinon un chrétien (1)? La thèse de Naogeorgius est donc posée, le christianisme complète et couronne le stoïcisme; l'idéal que le stoïcisme avait conçu, mais sans compter avec la faiblesse humaine, le christianisme le réalise. Le *Commentaire* va donc s'efforcer de montrer dans quelle mesure les préceptes d'Épictète concordent avec ceux de Jésus.

Cette préface nous suffit pour nous mettre sur la voie de ce que seront les *Commentaires*. La question de texte n'a, pour Naogeorgius, aucune importance. Il ne parle même point des manuscrits dont il s'est servi. Il est à présumer qu'il eut entre les mains ceux qui étaient alors les plus connus, ou peut-être tout simplement l'édition de Bâle de 1531, ou celle de Venise de 1535.

Heyne eut donc raison d'écrire, en parlant des notes de Naogeorgius : « Nihil enim præter excursus ethicos continent... »

Mais peu importe cette remarque, ce qui nous intéresse dans cette période de résurrection du stoïcisme, c'est précisément la tendance qui se fait de plus en plus accentuée d'utiliser cette doctrine comme moyen d'apologie du christianisme et de faire du *Manuel* un commentaire religieux.

_____

(1) Op. cit. : « Ita et D. Paulus nos semper gaudere jubet, et nihil esse solicitos. Quomodo autem in morbis, tormentis, injuriis, damnis, afflictionibus et angustiis quispiam gaudere potest, nisi eam indolentiam sectetur ?... Quid quod Christus nos exultare jubet, si nobis male dicatur, si excludamur ab hominum consortio, si nostrum nomen sit odiosum et immerito est falso. Nemo horum quicquam facturus est, nisi subducta per fidem ratione... »

Le commentateur procède quelque peu à la manière de Simplicius. Des notes suivent chaque chapitre. Il donne, ou bien une idée d'ensemble, ou bien il insiste sur ce qui lui paraît l'idée capitale, ou bien encore il prend une expression, un précepte qui l'a frappé et qui éveille immédiatement en lui des préceptes de l'Évangile ou des Livres saints, ou parfois même une citation profane. Au chapitre premier, il annote le texte « neminem culpabis »; il lui revient aussitôt à l'esprit que le Christ ordonna de tendre l'autre joue à celui qui en frappait une... « inimicum non habebis ». Il rappelle que c'est une question de foi d'attribuer à Dieu seul tout ce qui arrive (1).

Au chapitre II, c'est encore le commentaire chrétien du passage « si vero et hæc volueris et principatum gerere et locuples fieri forsan quidem neque hæc ipsa consequeris »; il est impossible de servir deux maîtres, Dieu et Mammon; ou bien les mots mêmes de saint Paul : « Ceux qui veulent être riches tombent en tentation et dans les pièges du démon (2). »

Au chapitre III, à propos des maux qu'il ne faut point craindre, il rappelle que le Christ requiert de ses disciples qu'ils se renoncent, qu'ils soient prêts à toute heure à offrir leur corps à la mort, à souffrir l'ignominie pour la vérité et la justice.

Il reprend les vertus stoïciennes, sous forme chrétienne, et donne par cela même quelque raideur aux vertus chrétiennes. Ainsi, au chapitre III, Épictète nous recommande, si nous aimons un pot de terre, de nous dire : « J'aime un pot de terre », si nous embrassons nos enfants, notre femme, « que c'est un être humain » que nous embrassons, et ainsi, nous ne serons point troublés de leur mort. Naogeorgius pense de même. Il n'est

---

(1) Op. cit. : « Quod autem ad fidem attinet, scias omnia tua esse in manu Dei... quicquid igitur tibi acciderit, non hominum potestate, aut vi vel casu, vel consilio, sed Dei jussu, concilioque, pariter sua erga te benevolentia sit. »

(2) Ibid. : « Quemadmodum Christus Dominus noster dicit : Neminem posse duobus servire dominis, nec quemque Deo posse servire Deo et Mammonæ, ita Epictetus negat interna simul et externa pari coli posse et appeti studio. » — Et plus loin : « Quoque Paulus ad Timotheum (prima 6) : Qui volunt (inquit) divites fieri, incidunt in tentationem et in laqueum diaboli (p. 19). »

point troublé de ce mélange d'êtres humains et de choses, il renforce au contraire l'idée, et dans son énumération, où voisinent enfants, époux, amis, compagnons, bouffons, bêtes exotiques, petits oiseaux chanteurs, petits chiens de Melita, pierres précieuses, lambris dorés, il montre que tout cela nous procure du plaisir et ne mérite point de nous attacher (1). Cependant, il y a une compassion permise aux chrétiens. Oui, reprend-il, mais une compassion qui n'est point vaine. Or, pleurer devant l'irréparable est inutile. Pleurer un mort n'est point le fait d'un chrétien. Le vrai sage et le vrai chrétien ne veulent point de ces larmes (2). Le Christ conduit à la mort défendit que l'on pleurât sur lui (3), mais il permit aux filles de Jérusalem de pleurer sur elles, car il n'y a qu'un seul mal qui soit vraiment déplorable : le mal moral. Et sur ce point capital, les rapprochements entre les deux doctrines sont faciles ; le commentateur s'y arrête. La douleur et les larmes, dit-il, sont permises devant ce vrai et seul mal : le mal moral, et c'est dans ce sens que le Christ a pu dire : « Bienheureux ceux qui pleurent » ; que Pierre a pu verser des larmes amères après avoir renié le Sauveur. Et bien que ces textes paraissent, de prime abord, contredire les premiers et qu'ils soient du ressort de la théologie plus que de la philosophie (4), Naogeorgius tient cependant à expliquer le pourquoi. C'est pour nos péchés et pour ceux des autres qu'il nous est permis de pleurer. C'est pourquoi le Christ pleura lui-même sur les ruines de Jérusalem,

---

(1) Op. cit. : « Res partim nobis serviunt ad delectationem, ut liberi, uxor, amici, sodales, moriones, bestiæ peregrinæ, avicolæ canoræ, catelli melitæi, lapides preciosi » (pp. 35-36).

(2) Ibid. : « Nemo sapiens et verus christianus volet se lachrymis et luctu honorari » (p. 39).

(3) Ibid. : « Christus ad mortem ductus vetuit se defleri » (p.41).

(4) Ibid. : « Quanquam hæc excutere et explanare ad theologiam pertinet, brevibus tamen hic ostendam cur flendum sit, aut non sit. Propter peccata nostra et aliorum simulque Dei propter ea commotam adversum nos indignationem flendum est, jussitque Dominus lugere, imo et ipse flevit super civitatem Hierusalem, Sic post negationem flevit Petrus. Et qui sic lugent atque flent beati sunt soli, non qui ob res amissas, aut hominum mortes, aliosque plorant casus. Nulla alia Christianis flendi causa est, tam propter se quam propter alios » (pp. 41-42).

saint Pierre sur lui-même après sa faute. Ceux qui pleurent ainsi sont seuls bienheureux et non point ceux qui pleurent à cause de ce qu'ils ont perdu, biens ou êtres humains.

Quelques exemples profanes se glissent bien encore, il est vrai, dans le *Commentaire;* il ne pouvait en être autrement pour un humaniste, mais cependant, ils tiennent fort peu de place à côté des autres. D'autres fois, c'est l'apologiste qui se révèle, lorsque Naogeorgius pénètre jusqu'au fond du dogme chrétien, montrant comment ce dogme couronne le stoïcisme, ou plutôt comment il explique Épictète lui-même (1). Épictète vient de rappeler qu'avant d'entreprendre quoi que ce soit, il faut penser à ce que l'on va faire, et dès le principe, se dire : « Je veux maintenir ma volonté en conformité avec ma nature. » Le *Commentaire* cherche à pénétrer ce qu'est cette nature à laquelle nous devons nous conformer. Or, d'après le dogme chrétien, cette nature n'est point celle qui est nôtre en ce moment, mais celle que Dieu nous avait donnée avant la chute : il nous avait faits vertueux et bons. Revenir à notre nature, c'est donc revenir à notre première nature, à celle que peut nous rendre la grâce, lorsque nous « revêtirons par la foi l'homme nouveau », comme dit l'apôtre Paul. Dans certains passages, le traducteur semble se souvenir de la paraphrase du *Manuel.* Épictète nous parle-t-il de l'appel de Dieu et du grand voyage (2), c'est pour Naogeorgius non seulement l'appel final, mais celui de notre vocation; que ce soit celle de magistrat ou de prêtre, il nous faut toujours entendre l'appel, car Jésus dit, en effet : « Qui aime sa mère, ses biens plus que moi, n'est pas digne de moi. »

Enfin, ce *Manuel*, si fécond en développements chrétiens, a parfois même l'avantage de servir le protestant sectaire.

---

(1) Op. cit. : « Deus fecit hominem rectum (inquit Salomon in Ecclesiaste, 7), non viciosum. Haud dubie tum rectus homo etiam beatus erat. Quocirca nos si cupimus esse beati, ad naturæ rectitudinem redeundum est, quod D. Paulus vocat induere novum hominem qui secundum Deum creatus est. Reditur autem per fidem et virtutis studium » (p. 52).

(2) Ibid. : « Non solum autem de vocatione ad mortem hoc intelligendum sed potest etiam de aliis intelligi vocationibus » (p. 76).

Au chapitre XVIII (1), lorsqu'il a parlé des présages, les expliquant par les coutumes anciennes et les blâmant comme des superstitions, il s'étonne qu'il en soit resté quelque chose chez des chrétiens. Il visait là, certes, quelques cérémonies du culte catholique...

Puis au chapitre XXIII (2), il constate que le chrétien comme le philosophe stoïcien, doit s'attendre à être raillé, tourné en ridicule ; au chapitre LIX (3), qu'il doit non point se contenter seulement de science, mais réaliser des actes vertueux, car il ne suffit pas d'interpréter Chrysippe pour être stoïcien ; et il lance ce mot ironique : « Il y a cependant des théologiens qui enseignent et connaissent bien les Livres saints, mais qui ne croient point ; ils sont corrompus dans leur vie et leurs mœurs. »

Naogeorgius indiquait ainsi de manière caractéristique ce que pouvait devenir l'interprétation du *Manuel* faite par un protestant sectaire. Rivaudeau, quelques années plus tard, suivra la même voie dans ses *Observations*. Le rationaliste protestant qu'il fut cherchera encore dans le *Manuel* les mêmes arguments chrétiens, usera des mêmes remarques, des mêmes rapprochements que le pasteur protestant ; il sera plus sobre dans ses citations, car l'artiste, chez lui, y mettra la mesure, mais le fond ne sera point changé. Avant d'examiner cette traduction française, il nous reste encore une étape à franchir. Une nouvelle traduction latine est donnée peu de temps après celle de Naogeorgius. Elle n'eut, pas plus que cette dernière, d'influence directe

(1) Op. cit. : « Quare, mirum est apud Christianos, multa superesse adhuc in eisque callidi, a magnatibus regibusque coli eximie. Tanta vero est divini interdicti cura, tantumque religionis ac pietatis studium scilicet » (p. 141).

(2) Ibid. : « Quare et Jesus Christus suis prædixit quod odio essent habendi, cum propter se, tum propter diversam a mundo doctrinam, cultum novum, studium atque vitam incorruptam » (p. 163). « Insanus, impostor, transgressor legis, dæmoniacus, comedo vinosus, malus, seductor, seditiosus denique, ipse Christus appellatus est. Nihil ergo novi, si cui idem contingat » (p. 165).

(3) Au passage du *Manuel* : « Cum quis ideo, quod Chrysippi libros intelligere ac exponere sciat, gravitatem præ se fert, dic ipse tecum » (p. 440), il oppose une citation de saint Jean : « Non diligamus verbo neque lingua, sed opere ac veritate. » Sunt tamen theologi, qui tametsi recte doceant, norintque sacros enarrare libros, ipsi tamen non credunt et vita moribusque sunt corruptissimi. » Ep. Gal., 5 (p. 443).

sur le traducteur français qui va nous occuper tout particulièrement ; mais faite par un protestant, accompagnée de *Commentaires*, elle témoigne des mêmes préoccupations et nous permettra
de situer plus nettement encore la traduction de Rivaudeau dans
le courant d'idées qui ne put manquer de réagir sur elle, tout
au moins indirectement.

CHAPITRE V.

LA TRADUCTION LATINE DE WOLF.

Né dans la principauté d'Œttingen, en Souabe, en 1516,
Hieronymus Wolfius, érudit allemand et protestant, était de
famille noble et ancienne. De très bonne heure, il témoigna
d'heureuses dispositions pour les langues anciennes et faisait
prévoir le savant humaniste qu'il devint en effet. Son intention
avait été de publier bien avant Scheggius et Naogeorgius une
traduction complète d'Épictète, traduction qui aurait compris
non seulement les *Entretiens* et le *Manuel*, mais encore les
ouvrages apocryphes, c'est-à-dire l'*Altercation entre l'Empereur
Adrian et Épictète*, et ce qui nous étonne encore plus, des *Lettres
d'Épictète*, qu'il espérait trouver dans la bibliothèque florentine.
Il n'eut point le temps de mettre son projet à exécution et fut
devancé, comme nous l'avons vu, par les deux autres érudits.
Une vie très mouvementée en fut cause, autant peut-être que
l'humeur capricieuse et difficile de l'humaniste. Il changea si
souvent d'emploi qu'il lui fut presque impossible de donner
à cet important travail le temps et la suite d'efforts qui eussent
été nécessaires pour le mener à bien. Il fut d'abord au service
du chancelier, comte d'Œttingen, mais n'y resta point longtemps. A la mort de son père, libre de suivre ses goûts, il fut
attiré à Wittemberg par la réputation de Mélanchthon, puis
suivit les leçons de Luther, d'Amerbach, fut chargé de diriger
une école protestante, d'abord à Mulhausen, puis à Nuremberg.
Il s'en lassa. Recueilli par des amis à Tubingue, puis à Strasbourg, il fut libre de consacrer tout son temps à des ouvrages
grecs et latins, qui lui valurent quelque réputation. Il ne se

sentait pas encore prêt à entreprendre Épictète. On lui confia
alors l'éducation de quelques jeunes gens d'Augsbourg, avec
lesquels il se rendit à Bâle et à Paris. C'est à Paris qu'il se
trouve mêlé au groupe des humanistes alors célèbres : Vascosan,
Ramus, Turnèbe. Mais là, une traduction de Démosthène qu'il
avait essayée n'ayant pas eu le succès qu'il en attendait, il se
découragea et revint à Bâle, où ses amis le reçurent assez mal.
Il eut alors la chance d'être chargé par Antoine Fugger, à
Augsbourg, des soins de sa bibliothèque et de sa correspon-
dance intime. Ce poste ne le satisfait pas encore, il n'y trouve
pas les loisirs dont il aurait besoin. En 1557, il est nommé
directeur du collège et de la bibliothèque d'Augsbourg ; c'est
la situation définitive qu'il garda jusqu'à sa mort et qui lui
permit d'achever l'édition importante d'Épictète qu'il avait
médité de publier à Paris déjà. Sa première préface, adressée
à Joanni Baptistæ Hainzelio, est datée de 1560 (1) ; elle
témoigne, comme toutes les préfaces de ce temps, des préoccupations morales du traducteur. Lui aussi, il a cherché dans
Épictète courage et consolation. Il a senti qu'à son contact
disparaissaient tous les soucis de la vie. Il a compris tout ce
qu'il y avait de vrai, d'utile, de pieux dans Épictète, et pour
bien montrer que ce n'est point une admiration de mode qu'il a
pour cette pure doctrine, à laquelle il ne trouve rien de supérieur,
hormis les livres sacrés, il la résume dans ses grandes lignes :
« Obéir à Dieu et à la nature ; faire du bien à tous ; ne nuire à
aucun ; supporter les injures et tout ce qui nous arrive d'une

(1) Cf. Wolf, *Epicteti Enchiridion* ... una cum *Cebetis Thebani* tabula, qua
vitæ humanæ prudenter instituendæ ratio continetur : græce et latine. Quibus nunc
demum accesserunt e græco translata, *Simplicii... scholia, Arriani commentariorum*
de Epicteti dissertationibus librì IV, item alia ejusdem argumenti... Hieronymo
Wolfio interprete : una cum annotationibus ejusdem. — Trois tomes in-8° en
un seul volume (Basileæ, per Joannem Oporinum, 1563).
    Cf. Præfatio : « Quibus rebus factum est, ut horum opusculorum editio, in hunc
usque annum prorogata, dum ego vel cesso, vel aliis negociis distineor, et novitatis
gratiam magna ex parte amitteret, et doctissimorum virorum, Jacobi Scheggii,
quæ præceptoris loco veneror ac Thomæ Naogeorgii, qui copioso commentario
Epictetum declaravit, conversionibus editis supervacanea videri posset... ».

âme égale et bonne; se servir des biens qui sont donnés pour les
nécessités de la vie comme si l'on ne s'en servait pas; les rendre
à Dieu ou à la fortune aussitôt qu'on nous les redemande;
mettre toute sa félicité dans l'âme et dans le repos d'une bonne
conscience; acquiescer au gouvernement de la Providence divine
comme à un gouvernement très juste, très sage et salutaire bien
qu'il nous paraisse parfois très rude (1). » Voilà l'essentiel de
la doctrine d'Épictète. Les paradoxes stoïciens choquent quelque
peu la raison, il le reconnaît, mais ne sont-ils pas, malgré tout,
préférables aux préceptes si lâches de la morale d'Aristote (2).

Wolf a donc trouvé dans Épictète ce qu'il faut pour fortifier
l'âme et pour satisfaire à ses goûts d'humaniste. Traduire et
commenter le *Manuel* et les *Entretiens*, quelle écrasante besogne!
et l'on comprend qu'il ait reculé si longtemps devant cette tâche,
faute de loisirs. Il l'accomplit cependant tout à son honneur.

(1) Cf. Préface citée : « Sed hoc mihi accidere scio, pro varietate lectionis
animum quoque meum varie affici; neque me unquam vel mei minus pœnitere,
vel æquiore animo casus humanos ferre, quam cum ea scripta lego, quæ animum
a sollicitudine corporis et externarum rerum, ad curationem mentis avocant et
traducunt. In quo genere, cum a sacris litteris discessum est, nihil unquam effica-
cius legisse mihi videor iis scriptis,... Si quis igitur, inquam, animo vacuo,
tranquillo, et in unam rem qua de agitur intento hæc considerarit : inveniet,
opinor, nihil verius, nihil utilius, nihil magis pium posse præcipi quam quæ
horum libellorum summa est, Deo et naturæ parendum : de omnibus, quoad
possis, bene merendum : nocendum nemini : aliorum injurias tolerandas : quicquid sine culpa nostra acciderit, æqui bonique faciendum : utendum esse his
rebus quæ ad vitæ necessitatem dantur, quasi non utare : easdemque repetenti
Deo, seu fortunæ (ut vulgo loquimur) alacriter restituendas : felicitatem in
animo sibi bene conscio, tranquilloque reponendam : in divina denique rerum
humanarum administratione, ut et æquissima et sapientissima et nobis salutari,
quamvis peracerba sæpe videatur, acquiescendum. »

(2) Ibid. : « Scio Paradoxa Stoicorum improbari a multis, quorum et Ludovicus
Carinus fuit doctissimus et humanissimus senex. Qui cum ei conversionem meam
corrigendam pro amicitia nostra exhibuissem : magis sibi probari dixit, veriorem-
que videri doctrinam Aristotelis : qui virtuti et sapientiæ principatum sic defer-
ret, ut tamen commodis etiam corporis et fortunæ muneribus felicitatem augeri
atque exornari non negaret, ac discrimen aliquod inter hominem et Deum consti-
tueret; et affectus a Natura datos non amputaret, sed putaret, non tolleret sed
moderaretur; eumque virum bonum et sapientem statueret, non qui optari facilius quam sperari posset, sed qui in natura rerum inveniretur. »

Sa traduction aura quelque chose de plus que celle de ses prédécesseurs, il saura pénétrer avec finesse la pensée d'Épictète, en
saisir les nuances, et pourtant, il exprimera cette concision parfois
un peu rude sous une forme qui ne manque point d'élégance.

LA TRADUCTION LATINE DU " MANUEL ".

Dès le premier chapitre, le traducteur se signale par son souci
de la forme, il veut varier le vocabulaire. Épictète avait répété
tant de fois et avec tant de simplicité les mêmes formules!
Politien l'avait fidèlement interprété; mais Naogeorgius, déjà,
avait recherché la variété dans l'expression. Wolf ira plus loin
encore. S'agit-il de la fameuse distinction entre les choses qui
dépendent de nous et celles qui n'en dépendent pas. Ce sont
tantôt pour les premières, chapitre Ier : « Res quædam in potestate nostra sunt », ou, chapitre II : « ea... quæ nobis parent »,
et pour les autres, chapitre Ier : « nostri arbitrii non sunt », et
chapitre II : « in quæ autem ipsi jus nullum habemus. »
Veut-il parler de ce précepte fondamental du stoïcisme, qu'il
faut garder sa volonté en conformité avec la nature : dans un
même chapitre, le chapitre IX, il traduira deux fois différem-
ment cette expression : « ... meum institutum naturæ congruens
conservabo », et : « ... et institutum meum naturæ consentaneum
tueri volui »; au chapitre XVIII, il la modifie encore : « Scito,
enim facile non esse, institutum tuum in eo statu, qui sit naturæ
consentaneus, conservare », dit-il.
Mais ce n'est point toujours par souci de la beauté et de l'élégance de la forme qu'il recherche ainsi la variété dans l'expression, c'est parce qu'il a saisi une nuance qu'il veut indiquer.
Lorsqu'Épictète expose le programme du philosophe qui veut
avancer dans la voie de la sagesse, il commence deux chapitres
par Εἰ προκόψαι θέλεις. Wolf y saisit une nuance, car il voit
avant la volonté, le désir et l'effort dont elle n'est que le couron-
nement; aussi, traduit-il, au chapitre XVI : « si quid proficere
studes », et au chapitre XVIII : « si quid proficere vis ». Par

moments, on regrette qu'il n'ait point gardé quelques répétitions si fortes d'Épictète : « visorum impetum secutus », dit-il au chapitre XXVI, et : « ne visa tibi assensum extorqueant » au chapitre XXVII, pour traduire : ὑπὸ τῆς φαντασίας μὴ συναρπασθῆναι. D'autres fois, il nous donne l'impression d'une certaine recherche qui ne sied vraiment pas à Épictète. Lorsque ce dernier rappelle que la mort, l'exil et tous les maux doivent être sans cesse devant nos yeux, le verbe le plus simple, c'est-à-dire le verbe *être*, semble le mieux convenir. Il n'en est point ainsi avec Wolf; il traduit, chapitre XXVIII : « Mors et exilium, et omnia quæ in malis habentur, ob oculos tibi quotidie versentur... », et au chapitre XXIX : « Sapientiæ studium suscipere cupis? Statim te para, quasi futurum sit ut deridearis : ut multi te subsannent, ut dicant, te subito philosophum extitisse : ut rogent, unde supercilium istud? » Il semble que la pensée d'Épictète pouvait s'exprimer là sous une forme plus concise.

Il ne faut point, cependant, exagérer la critique. Wolf a su garder lui aussi des répétitions heureuses; il a compris combien il importait parfois d'insister sur un mot pour mieux faire péné-trer l'idée qu'il exprime : « Te enim alius non lædet nisi ipse velis. Tum autem læsus eris, cum te lædi existimaris », dira-t-il au chapitre XXXVII. Il garde, d'ailleurs, le mouvement de la phrase d'Épictète, si pressant lorsqu'il s'agit de capter l'atten-tion de ce disciple, quand il lui montre à quel prix s'achètent les honneurs et les faveurs du monde; par exemple : « Nam qui valebit tantum is qui fores non frequentat, atque is qui frequen-tat? Qui non assectatur, atque is qui assectatur? Qui non laudat atque is qui laudat?... Non invitatus es ad convivium alicujus? Nec dedisti quanti vendit convivium vendit autem id convivato laudatione, vendit obsequio... » (Chapitre XXXII.) Comme il rend bien et presque mot à mot cette belle éloquence concise et forte du chapitre LXXV : « Quousque tandem differres præstantissima quæque tibi vendicare...? Accepisti præcepta quæ amplectenda tibi fuerunt, eaque amplexus es. Qualem igitur adhuc doctorem expectas, cujus in adventum tui correctionem differas? Non jam adolescens es, sed matura ætate vir... »

Mais c'est dans ses *Notes* que Wolf nous intéresse tout particulièrement, car on y découvre un philologue très avisé. Wolf
inaugure vraiment une critique sérieuse du texte. Il a plusieurs
éditions entre les mains, les deux éditions de Venise, celle de
1528 (1) et celle de 1535 (2); les deux éditions de Bâle (3), celle
de 1531 et celle de 1554 (4), et enfin l'édition de Strasbourg (5),
dont nul ne se préoccupera plus dans la suite.

Il les compare, et lorsqu'il choisit entre les différentes
variantes, ce n'est certes pas à la légère. Il fait appel non seulement à sa science d'humaniste, mais à son bon sens. Au
chapitre Ier déjà, nous pouvons nous rendre compte de sa
manière d'annoter un texte. Il s'agit de traduire le mot grec
ὁρμή. Or, Cicéron l'a rendu tantôt par *appetitionem animi*,
tantôt par *motum animi*. Politien, qu'il n'a garde de négliger,
se sert du terme *conatum;* après discussion, il opte pour
appetitio, qui lui semble le mieux traduire la pensée d'Épictète.
De même, pour traduire ἔργον, il choisit *actio*. *Actio*, pour lui,
implique quelque chose de notre âme, que nous réalisons au
dehors soit en bien, soit en mal, à l'aide de notre corps. Et ce
qui prouve qu'il l'entend bien ainsi, c'est que nous retrouverons
le verbe *agere* pris dans le même sens dans ce même chapitre Ier :
« Ad summa ea quæ ipsi non agimus », dit-il, en parlant des
choses qui ne dépendent pas de nous. Il a donc choisi de son
plein gré le mot propre sans se préoccuper de ses devanciers.
Il ne les dédaigne point pourtant, et, contrairement à Rivaudeau,
qui, quelques années plus tard, se montrera si sévère à l'égard
de Politien, il reconnaîtra tout ce que la vulgarisation du
Manuel doit à cet illustre humaniste. Au chapitre IV, quand
il s'agit de traduire que ce n'est point avec mollesse qu'il faut
entreprendre les grandes choses que requiert la sagesse, il choisit
de préférence à tout autre le texte de Simplicius, que Politien

(1) Cf. plus haut, p. 14.
(2) Ibid., p. 31.
(3) Ibid., p. 33.
(4) Ibid., p. 36.
(5) Ibid., p. 39.

a lui-même suivi (1); d'autres fois, c'est Simplicius lui-même, qu'avaient laissé de côté et Politien et Naogeorgius, qui arrête immédiatement son choix. C'est au chapitre VII, il lui faut traduire ce mot d'Épictète : μεθ' ὑπεξαιρέσεως. Politien l'avait rendu par *cum supputatione*; Naogeorgius par *cum exceptione*; il lui semble à bon droit traduire plus exactement en prenant le texte de Simplicius : *cum imminutione*.

Il reconnaît cependant avec beaucoup de justesse les passages qui ont été faussés par Politien. Ainsi, au chapitre XII, où il est question du fameux navire que nous ne devons point quitter des yeux lorsque nous descendons à terre, de peur que le maître ne nous appelle, Politien avait ajouté ces mots : « Inque id vinctus conjiciaris. » Wolf les rejette, non seulement parce qu'il ne les trouve pas dans tous les manuscrits, mais parce qu'ils faussent le sens. Les forces dont il est parlé ici, dit le commentateur, ne sont point extérieures; ce serait donc une erreur de les entendre ainsi (2).

D'autres fois, il explique Épictète avec assez d'originalité, et ne craint point d'y ajouter la note critique. Epictète, en effet, au chapitre XXXVI, explique amplement qu'il ne faut point s'exposer à changer sans cesse de situation, en entreprenant une besogne au-dessus de ses forces. Wolf s'applique immédiatement et avec assez de verve ce précepte à lui-même. Il a fait de tout dans sa carrière mouvementée, tour à tour scribe, pédagogue, courtisan, bibliothécaire, directeur d'école. Or, n'aurait-il pas mieux valu qu'il se livrât dès son âge le plus tendre à l'étude de la philosophie? Peut-être aurait-il alors quelque peu progressé (3). Il rejette au contraire l'apathie stoïcienne quand

(1) Cf. les notes du chapitre IV : « Rectius Simplicii Commentarius... », et il cite le passage « ... Quam lectionem et Politianus est sequutus. »

(2) Notes du chapitre XII : « Politianus attexit... in que id vinctus conjiciaris... quæ appendix nec in excusis codicibus habetur, et est supervacanea. Loquitur enim non de externa vi, sed de imbecillitate virium, quæ quo major sit ingravescente ætate, eo paucioribus rebus animum esse occupandum : quod et iis vacare, et parere philosophiæ sit difficillimum. »

(3) Notes du chapitre XXXVI : « Fui modo scholasticus, modo scriba, modo aulicus, modo pædagogus, modo bibliothecæ præfectus, modo scholæ gubernator,

elle s'applique à nos propres souffrances; elle est facile à pratiquer quand il s'agit des souffrances des autres. Il nous est facile lorsque nous nous portons bien de donner de bons conseils aux malades (1).

Il ne peut admettre non plus que la sagesse, bien qu'elle soit celle d'un stoïcien, puisse nous faire l'égal des dieux. Un si grand intervalle sépare l'homme le plus sage de l'ombre même d'un dieu (2). Enfin, et c'est là la dernière remarque que nous ferons sur un commentaire qui mériterait cependant d'attirer plus longuement l'attention des érudits, Wolf fait en somme peu de place au commentaire religieux. A-t-il été frappé des développements un peu prolixes de Naogeorgius, et n'a-t-il point voulu tomber dans le même défaut? ou peut-être, a-t-il trouvé que tout était dit sur cette matière et qu'il était, par conséquent, inutile d'insister davantage? Ces deux raisons peuvent également être admises, mais ce qui nous intéresse tout particulièrement ici, avant d'étudier les traductions françaises, c'est que Wolf, dans le groupe des traducteurs et commentateurs latins, a nettement fixé la voie où peut désormais s'engager un traducteur du *Manuel*. Ce dernier n'a plus le droit désormais de se désintéresser de la critique du texte, et comme la pensée d'Épictète s'est dégagée maintenant concise et forte, il ne peut plus se dérober à la traduction exacte et presque littérale. Comment nos traducteurs français vont-ils réaliser ce programme? comment vont-ils donner droit de cité dans notre langue imagée et pittoresque du XVI° siècle à ce *Manuel* si concis et si bref? C'est ce que nous permettra de dégager l'étude qui va suivre.

idque eo usque, ut nunc quid sim, pene ipse ignorem. Mirabiliter distrahit varietas et crebræ mutationes, ingenium. Quod si mihi in imo philosophiæ studio ab ineunte ætate elaborare licuisset, cui me fuisse natum arbitror : fortasse profecissemus aliquid... »

(1) Notes du chapitre XXII : « Facile omnes, cum valemus, recta consilia ægrotis damus. Tu si hic sis, aliter sentias. Alterius vulnera et cædem spectare sine dolore corporis possumus, sed ipsi non sine acerbissima doloris sensu vulneramur et cædimur. »

(2) Note du chapitre XXI : « Quam enim infinito intervallo vel præstantissimus homo ab extrema umbra divinitatis abest. »

DEUXIÈME PARTIE

LES TRADUCTIONS FRANÇAISES

DU

"MANUEL"

AU XVIᵉ SIÈCLE

LES TRADUCTIONS FRANÇAISES

AU XVIᵉ SIÈCLE

Si nous voulons restreindre le groupe des traductions d'Épictète faites au XVIᵉ siècle aux traductions du *Manuel* seulement,
il faut en signaler trois vraiment importantes : celle d'Antoine
Du Moulin, celle d'André Rivaudeau et celle de Guillaume
Du Vair; et encore notons que la traduction d'Antoine
Du Moulin est si proche de la traduction de Politien, qu'elle
peut marquer comme une période de transition entre les deux
groupes de traducteurs : le groupe latin et le groupe français.

CHAPITRE I.

LA TRADUCTION DU " MANUEL " D'ANTOINE DU MOULIN.

C'est en 1544 qu'Antoine Du Moulin s'essaya le premier
à traduire le *Manuel* en français. A cette date, Politien jouit
encore de son plein crédit, puisque Haloander et Cratander,
qui avaient publié, l'un à Nuremberg en 1529, l'autre à Bâle
en 1531, un texte à peu près correct du *Manuel*, n'avaient point
hésité à y joindre sa traduction latine. Cet exemple avait été
suivi en France par un certain Conrad Neobarius, qui donna
en 1540 un texte grec du *Manuel* assez proche de celui de Bâle,
texte auquel il joignait cette fois encore la traduction latine
de Politien. Rien d'étonnant dès lors que Du Moulin ait été
gagné par cette contagion de copier un auteur accrédité et qu'il
se soit servi du texte latin de Politien de préférence au texte grec.
Du Moulin était d'ailleurs moraliste beaucoup plus que

philologue, et nous pouvons dire que ce n'est point l'érudit qui éveilla chez lui le stoïcien, mais bien plutôt les préoccupations morales qui le tournèrent, lui comme tous ceux de son temps, vers Épictète. Le milieu dans lequel il vécut ne fut pas non plus étranger à ces tendances. Il passa quelque temps à la cour de Marguerite de Navarre qui, s'accommodant aussi bien de Calvin que de Briçonnet, ne fut en somme jamais hostile au rationalisme, pas plus au rationalisme protestant qu'au stoïcien. Puis ce fut, à Toulouse, les Jean de Boysonne, Étienne Dolet (1), avec lesquels il se lia d'amitié, et ce dernier, nous le savons, eut quelque peu l'humeur stoïcienne. Enfin, à Lyon, Du Moulin donna son édition du *Manuel*. Lyon était alors un centre très actif et il arriva que Rabelais s'y trouvait en même temps que lui. L'auteur de *Gargantua et Pantagruel* faisait alors pour Claude Nourry, grand vulgarisateur d'éditions à bon marché, des almanachs comiques et satiriques des *Grandes et inestimables Chroniques*, lorsque Du Moulin parut chez Jean de Tournes. Peut-être Rabelais désigne-t-il cette traduction lorsqu'il écrit au livre II, p. 30, de *Pantagruel :* « Je veys Epictète vêtu galamment à la françoyse. » Quelles que soient, d'ailleurs, les influences qui purent s'exercer sur lui, Antoine Du Moulin ne prétend à rien autre chose qu'à faire œuvre de moraliste. Voici, d'ailleurs, comment il s'exprime en présentant la traduction du *Manuel* : « Qui est un livre (Lecteur) non point de ceulx, desquelz tout le Bon est en la beauté de leurs Tiltres, promettans beaucoup plus que la matiere qu'ilz traictent ne satisfaict : Mais je te puis bien asseurer (si tu veulx en le lisant diligemment y entendre), tu en emporteras plus de profit, que je ne t'oserois promettre, ny toy pourrois esperer (2). »

La préoccupation du texte passe, en effet, avec Du Moulin, tout à fait à l'arrière-plan. S'il est un trait qu'il cherche à faire ressortir, peu importe que la traduction soit fidèle, il veut avant tout rendre avec plus de force et de clarté ce qu'il croit la pensée

(1) Cf. mon ouvrage : *La Renaissance du stoïcisme au XVIe siècle.*
(2) Cf. *Le Manuel d'Epictète.* (Lyon 1544, in-16).

d'Épictète. De là, souvent des additions de mots, de phrases même purement explicatives. Nous pouvons voir là comme un essai de développement, un acheminement au *Commentaire*, qui ne devait pas aboutir ; nous allons bientôt expliquer pourquoi. Ouvrons, en effet, la traduction de Du Moulin ; dès le premier chapitre, nous en trouvons des exemples. Il s'agit de traduire le mot grec ἐλεύθερα ; Politien le rend avec une stricte exactitude par *libera*. Cette épithète *libres* ne satisfait pas notre traducteur, il y accole un second adjectif, *franches*, et désormais ces deux mots apparaîtront intimement liés quand il faudra rendre ἐλεύθερα. Même procédé pour traduire les deux mots suivants : ἀκώλυτα, ἀπαρακόδιστα. Du Moulin trouve nécessaire cette fois d'avoir recours à trois expressions pour qualifier ces choses qui sont en nous ; elles ne nous *peuvent estre deffendues, empeschees, et ostees* (1). Et que d'autres exemples de ce genre. Il traduit ἀπέχεσθαι πεμμάτων par *s'abstenir de saulces et friandises;* ὅρος οὐθείς ἐστιν par *il n'y a jamais fin ne terme* (2) ; etc. Quelquefois, c'est tout un membre de phrase explicative qu'il ajoute soit au texte d'Épictète, soit à celui de Politien (3), qu'il suit pourtant de si près. Politien avait écrit au chapitre VI : « Si ollam diligis : dic, ollam diligo. Ea enim fracta, non perturbaberis... » ; et Du Moulin traduit avec un commencement de commentaire : « Si tu aymes un Pot, dy ainsi : j'ayme un Pot; icelluy rompu, tu ne te troubleras point, *car tu congnoissois bien qu'il estoit fragile*. Pareillement, si tu aymes ou ton Filz ou ta Femme, dy que tu aymes un Homme; si l'un ou l'autre vient à mourir, tu ne seras troublé, *pource que paravant tu pensois bien qu'il estoit mortel* (4). » A ce passage du chapitre XI, où il suit presque textuellement Politien : « Ainsi en est-il au cours de la vie, comme si pour une coquille, ou pour une eschalotte, il nous estoit donné une Femme, ou un Enfant », il ajoute toute une proposition : « ou autres choses que eussions cheres et

(1) Cf. Du Moulin, ouvrage cité, chap. I, p. 3.
(2) Ibid., chap. XXXV, LII; pp. 29, 47.
(3) Cf. Ange Politien, *Epicteti Enchiridion*, cap. VI.
(4) Cf. Du Moulin, ouvrage cité, chap. VI, pp. 7, 8.

en quoy prinssions plaisir, elles ne nous doivent destourber de nostre Propos selon nature (1). » Il y a plus, lorsque Politien a recours aux *Commentaires* de Simplicius, pour parer, comme il le dit, aux défectuosités de son manuscrit, non seulement Du Moulin le suit, mais il emprunte encore davantage. C'est ainsi qu'au chapitre XXXIII, il nous ajoute tout un développement pris dans Simplicius : « Tout ainsi que l'on ne met point de blanc là où il ne fault pas attaindre, ainsi en est-il de la nature du Mal, lequel se faict en ce monde, car il n'est point proposé pour estre attainct, mais plus tost pour estre evité : comme si le Bien estoit mis pour le blanc, et le Mal fust tout cela ou le blanc n'est point. Pour ne toucher au blanc, on ne designe point de lieu certain : aussi pour ne faire le Bien ou (bien) pour faire le Mal, il n'y a nulle reige ni precepte... etc. (2). » Pourquoi Du Moulin a-t-il reproduit un développement si long et pourtant si différent du reste du *Manuel*? Ce n'est certes point la valeur philosophique de ce passage qui a pu le séduire, mais bien plutôt la métaphore, l'image. Il y avait là comme l'expression concrète de cette formule abstraite du stoïcisme, que le mal n'est que l'absence du bien. Du Moulin y trouvait donc l'application d'un procédé cher à tous les moralistes du XVIe siècle, qui avaient de cette manière travaillé à la diffusion du stoïcisme; il le saisit comme il se présente. Il réalise ainsi son programme : comprendre le *Manuel* et le faire comprendre, et rendre vivante et pratique une doctrine assez abstraite; dès lors, tout ce qui apporte de la vie, du pittoresque, lui semble de bonne mise. Inutile donc pour nous de rechercher les inexactitudes (3), les contre-sens (4)

---

(1) Cf. Du Moulin, ouvrage cité, chap. XI, p. 11.

(2) Ibid., chap. XXXIII, pp. 27, 28.

(3) Ibid., ouvrage cité, chap. XI, p. 10 : « si le Marinier sort à l'eaue fresche » pour traduire : « si exeas aquatum », de Politien...; ou encore XXVIII, p. 21 : « comme si c'estoit le reng ou Dieu t'eust ordonné et mis pour combatre. » Politien avait traduit : « tanquam sis a Deo in hac acie collocatus. »

Ou encore XXXI, p. 25 : « ce seroit follie à toy de te marrir qu'elles ne te seroient advenues... »; et Politien : « ne ægre fer, quia tibi non acciderunt... »

(4) Quelquefois le contre-sens est évident, car il suit Politien : Chap. XXX, p. 24 : « Et puis, le Cordouannier ne le fournist-il pas de souliers et l'Armurier de

même qui peuvent échapper au traducteur, il n'en a cure et ce serait méconnaître l'esprit dans lequel il fit ce travail que de lui infliger pareil reproche. C'est la pensée morale qui le guide; aussi, n'hésite-t-il pas à abandonner Politien, son modèle, lorsqu'il le juge nécessaire pour la clarté de cette pensée. Tout à la fin du *Manuel*, Épictète vient d'indiquer les trois parties importantes de la philosophie : la première, qui traite des maximes à pratiquer : « On ne doit pas mentir »; la seconde, qui a pour objet les démonstrations, par exemple, les raisons pour lesquelles on ne doit pas mentir; la troisième, qui montre ce qu'est une démonstration. Politien termine ces paragraphes par ces mots : « Nos vero contra facimus. Tertio enim loco immoramur, neque eo omne nostrum studium conterimus (1). » Du Moulin modifiera ce texte, et cette fois avec succès, le besoin de clarté l'inspire heureusement : « Mais nous faisons tout au contraire, car nous nous arrestons au Troizième, et en luy mettons tout nostre estude et ne tenons compte du Premier, ains en sommes du tout entièrement negligens. Et comment? Car nous mentons, et toutesfois nous n'avons presque toujours autre chose en la bouche que comment c'est qu'il faut prouver et demonstrer que l'on ne doibt point mentir (2). »

Toutes ces remarques faites assez hâtivement, car ce serait tout un livre qu'il faudrait écrire sur chaque traduction, si l'on voulait pénétrer dans le détail et fixer les sources où chaque auteur a vraiment puisé, toutes ces remarques, disons-nous, permettent de conclure qu'avec Du Moulin la traduction française s'acheminait presque insensiblement à l'amplification, au commentaire. Le *Manuel* pouvait ainsi fournir matière à développements de moraliste, pourquoi ne l'a-t-il pas fait? Pourquoi n'avons-nous trouvé qu'une œuvre, une seule, en français, qui fût vraiment comme un développement du *Manuel* : la *Philosophie*

harnois? » traduction exacte de cette phrase de Politien : « Neque enim calceos habet per cerdonem, neque arma per fabrum... » Rivaudeau reprochera avec raison ce contre-sens à Politien. Du Moulin ne l'avait point vu.

(1) Cf. Politien, ouvrage cité, cap. LXVII.

(2) Du Moulin, ouvrage cité, LXVI, p. 58.

morale des Stoïques, de Guillaume Du Vair. Deux raisons peuvent nous expliquer ce fait. D'une part, et nous l'avons vu ailleurs, Sénèque avait déjà fourni ample matière à ces développements à la fois littéraires et moraux ; il barrait le chemin à Épictète ; de l'autre, Épictète ne pouvait guère rivaliser avec lui, car Épictète, même l'Épictète des *Entretiens*, gardait toujours dans ses développements les plus nourris, un je ne sais quoi d'austère, de doctrinal, de philosophique, que savait si bien dépouiller Sénèque lorsqu'il écrivait à Lucilius, sur des riens, des faits quotidiens et journaliers, ses admirables réflexions morales. Les lettres de Sénèque sont des états d'âme, des analyses de sentiments moraux, d'une délicatesse inouïe, c'est vrai ; mais elles ont aussi l'imprévu, l'émotion d'un journal intime. Sénèque est un sage sans doute, mais aussi un homme du siècle, il connaît la vie, il connaît le monde et ses pièges, comme dirait le christianisme ; il sait donc en parler, tout en apprenant à ses disciples à se tenir sur leurs gardes. Épictète, lui, est un sage arrivé, un ascète que plus rien n'émeut ; entre le monde et lui, il n'y a aucun lien, il ne s'en préoccupe plus. Il va directement aux âmes, en leur proposant l'Idéal que sa raison conçoit et que sa volonté vit tous les jours. Il faut aimer la nourriture forte et substantielle pour goûter Épictète, et partant se soucier fort peu de belle littérature. Etait-ce bien là l'esprit des humanistes du XVIᵉ siècle ? Nous ne le croyons pas. De plus, pour qui réfléchissait à fond, l'Idéal moral apparaissait à travers ce petit *Manuel* si clair, si lumineux, que des Commentaires n'y pouvaient rien ajouter. Les Préfaces qui se répandaient alors, celle de Politien surtout, si souvent rééditée, avaient clairement montré tout ce que pouvaient avoir de force ces phrases courtes, nettes, sans lien apparent et pourtant si lumineuses de sens si l'on se donnait la peine de recourir aux principes qui en formaient comme la substance. A quoi bon, dès lors, ajouter des Commentaires qui n'eussent été que de purs développements littéraires, ou peut-être des Commentaires religieux ? Une traduction latine (1) avait en effet donné cette forme aux *Commentaires*

(1) Cf. plus haut, page 48.

d'Épictète, mais cette forme ne pouvait point satisfaire des littérateurs tels que les humanistes ; Wolf, en 1563, l'avait déjà montré (1).

Il reste alors que nous pouvons nous demander, après une telle expérience, ce qu'allaient faire les successeurs de Du Moulin. Avec lui, ils ont recueilli l'héritage de la traduction latine, accommodée à la française, comme disaient les auteurs du XVIᵉ siècle, puisque la traduction de Du Moulin nous est apparue comme une traduction de transition, et la question se pose de savoir si résolument ils vont briser les liens qui les attachaient encore trop étroitement à la traduction latine et faire de cette traduction une œuvre vraiment originale, purement française ? Rivaudeau, qui donna en 1567 une nouvelle traduction d'Épictète, suivie d'un *Commentaire*, va nous répondre. C'est en étudiant d'assez près son œuvre qu'il nous a paru intéressant d'en donner une nouvelle édition et qu'il nous sera possible de résoudre le problème des destinées du *Manuel* d'Épictète.

CHAPITRE II.

LA TRADUCTION FRANÇAISE D'ANDRÉ RIVAUDEAU.

ANDRÉ RIVAUDEAU TRADUCTEUR DU " MANUEL " D'ÉPICTÈTE.

André Rivaudeau, sieur de la Flocellière, était fils d'un gentilhomme, homme de lettres et d'épée, le sieur de La Guillotière, mais ce dernier n'était gentilhomme que de fraîche date, car il avait été anobli par Henri II, lorsqu'il était entré à son service comme valet de chambre. André, son fils, naquit vers 1540, et fit ses études à Poitiers. C'est là, sans doute, qu'il se lia d'amitié avec Albert Babinot, celui-là même qui lui dédia cette ode qui figure en tête de sa traduction du *Manuel*. Albert Babinot, juris-

(1) Cf. plus haut, page 56.

consulte et poète, était protestant comme Rivaudeau ; il avait
écrit un poème religieux intitulé *la Christiade*. Il est donc tout
naturel que Rivaudeau, qui débuta comme tous ceux de son
temps en cultivant « les Muses gratieuses », ait subi l'influence
austère de cet ami. Si l'on en juge, d'ailleurs, par l'ode dont
nous venons de parler, la traduction d'Épictète marquerait une
étape décisive dans la carrière littéraire de Rivaudeau. Avec
Épictète, il entra dans la voie qui conduit aux Lettres saintes,
puisque tous les humanistes sont d'accord pour reconnaître que
la philosophie en général, celle d'Épictète en particulier, en est
le chemin. Babinot pouvait donc, avec raison, lui écrire :

> « Or, ayant esclarcy le savoir d'Epictète,
> « Par un plus grand savoir, à si peu ne t'arreste
> « Et traite maintenant les utiles secrets
>> « De nos livres sacrés. »

André Rivaudeau avait débuté dans les lettres par une
tragédie en cinq actes, mêlée de chœurs à la manière antique,
et tirée de la Bible ; il l'intitula : *Aman*. Cette tragédie, qui
fut représentée à Poitiers en juillet 1561, ne parut imprimée que
quelques années plus tard, en 1566, jointe à d'autres ouvrages
de l'auteur et dédiée à Jeanne de Foix, reine de Navarre (1).
C'est donc aussitôt, un an après, en 1567, dans cette même ville
de Poitiers, qu'il publia sa traduction du *Manuel* d'Épictète.
Puis, comme s'il tenait à réaliser le conseil formulé jadis par son
ami Babinot, il se tourna vers l'étude des questions religieuses.
Il entreprit des *Commentaires* sur l'Épître aux Hébreux et
l'Évangile selon saint Mathieu. Il y a même lieu de croire que
ces travaux ont été menés de front avec celui de la traduction,
puisque très souvent il y fait allusion dans ses *Observations sur*

---

(1) Cf. Eug. Haag, *La France protestante* (1846-1858) : « Les œuvres d'André
Rivaudeau, gentilhomme du Bas-Poitou. *Aman*, tragédie sainte tirée du VIIe chap.
d'Esther, livre de la sainte Bible. A Jeanne de Foix, très illustre et très vertueuse
royne de Navarre. Outre deux livres du mesme autheur, le premier contenant les
complaintes, le second les diverses poésies » (Poitiers 1566, in-4o).

les doctrines d'Epictète, à moins, et cette hypothèse serait encore admissible, qu'il y ait eu une première édition du *Manuel* antérieure à 1567, et sans « Observations ».

La vie de Rivaudeau est restée assez obscure dans ses dernières années. Tout ce que nous en savons, c'est que les malheurs du temps le forcèrent, lui aussi, à renoncer aux loisirs d'un lettré. Il rejoint ainsi la destinée de tous les humanistes néo-stoïciens, qui cultivèrent d'abord les Muses, jusqu'à ce que les troubles et les malheurs du temps les aient obligés, en quelque sorte, à fixer leur choix sur la philosophie qui prêche l'acceptation courageuse des événements et le renoncement à tout plaisir égoïste. Rivaudeau dut, en effet, éprouver lui aussi maintes déceptions, si l'on en juge par la préface de sa traduction du *Manuel*, préface qu'il adressa à Honorat Prévost (1), son bon seigneur et amy : « Je veus aussi ramentevoir, écrit-il, les fréquentes exhortations que vous me faisiés, pour m'avancer, ayant conceu une telle esperance de moy, que si la fortune (qu'il me soit permis de parler ainsi sans faire force sur le mot qui n'est pas chrestien) y eust satisfait, j'ay opinion, et ne me glorifie qu'en la grace de Dieu, que le reste n'eust point manqué. Mais la mort du Treschrestien Roy Henry, de qui nous esperions beaucoup, et les troubles qui sont surveneus depuis m'ont fait embrasser la sentence : *qui a esté bien caché, a bien vescu.* »

Donc, chez Rivaudeau, comme chez Guillaume Du Vair, désillusion, ambition déçue; la fortune, c'est-à-dire la gloire, l'eût sans doute tenté comme les autres, mais la gloire n'est pas venue. Il s'est alors résigné, non point simplement comme un humble chrétien, mais en stoïcien chrétien. Cette résignation semble, au moins en apparence, avoir plus noble allure, elle permet de garder une certaine grandeur d'âme à la face du monde. Mépriser tout haut les biens que la vie ne donne pas,

(1) Cf. dans Haag, ouvr. cit., cette note : « Né en 1522, Honorat Prévost, sieur de La Tour, désigné par les historiens sous le nom de Chastelier. Protestant, il se montre animé du plus grand zèle pour la cause, et il s'acquit dans le parti huguenot le renom « d'un gentilhomme signalé pour sa vaillance, rare savoir et non commune dextérité en toutes choses ».

mais que l'on n'aurait peut-être pas dédaigné d'accepter s'ils étaient venus, est une satisfaction pour ceux que la fortune n'a point comblés de ses dons ; voilà pourquoi nous avons trouvé si souvent le stoïcien doublé d'un ambitieux déçu. Mais assez sur cette biographie, mal éclairée d'ailleurs par l'histoire du temps, et étudions dans Rivaudeau le traducteur qui nous intéresse tout particulièrement.

LA TRADUCTION DU " MANUEL ".

La traduction du *Manuel* parut en 1567. A cette date, des éditions nombreuses avaient déjà apporté d'importantes corrections au texte de Politien : celles de Bâle, dont nous avons déjà parlé et qui furent sans nul doute utilisées par les éditions de Neobarius (1) et Tusanus, puis celle de Scheggius en 1554, et celle de Wolf en 1563. Ces deux dernières ne devaient certes point encore être répandues en France, puisque dans sa préface, Rivaudeau n'en fait aucune mention. A la fin de ses *Observations*, il note seulement : « Ayant mis fin à ce mien labeur, j'ay entendu de Thomas du Puys, docte medecin et excellemment versé en la cognoissance des simples, qu'il y a une traduction latine d'Epictète, accompagnée d'un commentaire si ample, qu'il fait un gros volume, mais ne l'ayant point veue je ne m'en peus servir ni en porter jugement... (2) » D'ailleurs, Rivaudeau n'a nul souci de l'érudition des autres, il veut user de la méthode directe et recourir au texte même. Politien lui semble avoir joui trop longtemps d'un crédit peut-être excessif, c'est le texte altéré par l'interprétation de cet humaniste qu'il veut restituer dans toute son intégrité. Aussi, hésite-t-il longtemps à se rendre au conseil de son père, qui lui fait parvenir, pour qu'il puisse la consulter,

(1) Cf. plus haut, chap. 1, p. 63.
(2) Cette édition fut celle de Scheggius ou celle de Wolf. Scheggius, médecin, pouvait être connu en France par la lutte qu'il avait soutenue contre Ramus en défendant les Aristotéliciens. Wolf avait passé quelque temps à Paris avant 1560 ! On ne peut faire que des conjectures.

la traduction du *Commentaire* de Simplicius par Caninius (1).
« Or, je me plaisois tant en ma traduction, dit-il en sa préface,
que je ne voulois recercher aucun aucteur qui m'y peust servir...
et me desplaisoit que je ne voyoy l'original de la langue de
Simplicius, mais mon pere... a bridé et resserré cette mienne
presomption et m'a exhorté, et apres commandé de revoir ma
version sur ce *Commentaire*... » Aussi, quelle satisfaction lorsque
le traducteur constate que ses corrections s'accordent avec celles
de Caninius. Il se contente de cette rencontre et ne s'explique
point comment un « si suffisant homme qu'estoit Politian s'en
estre si fort éloigné ». Rivaudeau va se poser, en effet, comme
le critique de Politien, et en ce sens, l'on peut dire qu'il inaugure
dans la traduction, comme nous l'avons annoncé, une phase
nouvelle ; il brise avec les habitudes reçues en France et combat
Politien avec ses propres armes. Politien avait soi-disant porté
remède à un texte incomplet, en recourant aux *Commentaires*
de Simplicius ; ce sont ces *Commentaires* faits latins par Caninius
qui donneront tort à Politien. Rivaudeau entreprendra cette
critique dans le détail, par le menu, et nous en donnera l'expli-
cation complète, à la suite de sa traduction, dans ses *Observations
sur la doctrine d'Épictète*.

Dès les premières lignes de ce *Commentaire*, Rivaudeau se
pose comme critique de Politien et montre clairement qu'il
n'entend plus suivre les sentiers battus, mais entreprendre à son
compte une nouvelle traduction. Il reproche en effet à Politien
d'avoir perverti « toute la disposition des chapitres en racourcissant les uns et allongeant les autres, et d'avoir mis sur
chascun un titre presque aussi ample que le texte ». Or, cette
liberté que le traducteur a prise ainsi vis-à-vis des bons auteurs,
lui paraît déplorable et capable d'introduire « une horrible
confusion aus meilleurs livres ». Rivaudeau montrait nettement
ainsi ce qu'il entendait faire de la version de Politien : dégager
le texte des amplifications non justifiées, le restituer au complet
dans les passages mutilés, et puis réduire les titres des chapitres.

(1) Cf. plus haut, chap. II, p. 34.

Il voulait en somme rendre à Épictète sa vraie physionomie. Épictète devait avant tout rester lui-même, il l'avait compris, et c'est là un premier hommage que nous pouvons rendre à la conscience de Rivaudeau moraliste humaniste : il a sauvé Épictète des déformations littéraires.

Les reproches adressés par Rivaudeau à Politien portent à la fois sur le texte lui-même, sur la division des chapitres, puis sur l'interprétation ou traduction. Maintes fois, il répète que Politien dut avoir entre les mains un texte fort incorrect, ce que nous admettons aisément puisque le traducteur lui-même en fait foi. Ce que nous comprenons moins bien, c'est l'insistance parfois malveillante que met Rivaudeau à souligner ces imperfections de texte. Ainsi, dans ses *Observations* du chapitre 51, il note : « L'interprete n'a rien suivi de cecy et a fait la court à ses pensées, a changé et brouillé tout cet endroit. » Il avait écrit au chapitre 42 : « Cela n'est nullement tourné du grec... Ce seroit trop licentieusement et temerairement faire que de rechanger tout ainsi... »; au chapitre 46 : « Le traducteur qui a fourré icy ce qu'il a voulu, n'a satisfait à l'intention de l'aucteur non plus que moy. » Au chapitre 17, il note un mot que Politien a dû oublier, en ajoutant cette restriction : « Il l'a oublié ou laissé sciemment », et au chapitre 60, il est encore plus dur en reprochant au grand humaniste « d'avoir laissé la moitié de ce chapitre sans raison et propos... et pour mieus enrichir la besoigne, il a avancé du sien... cela va bien, mais il n'est pas du jeu. Cet homme se donne grand' licence et auctorité sur un ancien escrivain et philosophe, ou s'en repose et fie sur tel qui ne l'entend pas mieus que luy ».

Il est tout aussi prompt à critiquer la division des chapitres. Cette division, il est vrai, ne correspond point à celle de notre texte actuel, ni à celle du *Commentaire* de Simplicius dont Caninius nous a laissé la traduction, mais de là à conclure qu'elle est absolument arbitraire, il y a du chemin. Correspond-elle à un manuscrit de l'époque de Politien? Nous ne pouvons, à ce sujet, que faire des conjectures. Il est possible que l'érudit italien, plus soucieux d'établir un lien entre les idées que de

restituer un texte dont il n'avait point les éléments exacts, ait
laissé parfois libre carrière à son interprétation personnelle.
C'est ainsi qu'il établit au chapitre 20 comme une seconde
partie du *Manuel;* Rivaudeau lui en fait un sérieux grief : « Le
traducteur, dit-il, fait une seconde partie du livre sans grande
raison. » Quant aux titres de chapitres, il n'est point étonnant que
Rivaudeau les ait trouvés trop amples chez Politien; il les réduit à
de sèches formules à forme impérative. C'est, pour en citer
quelques exemples : au chapitre V : *Les Opinions de l'homme
genereus doivent estre saines ;* au chapitre VII : *Il faut penser
que ceste vie n'est qu'un passage;* au chapitre XI : *Il ne faut
desirer gloire, ni bruit parmi les hommes*; au chapitre XXVIII :
Qu'il faut se maintenir vers un chacun selon sa qualité; au chapitre XLI : *Comme il se faut maintenir avec les grands.* Il n'y a
certes point de variété dans cette forme de préceptes, c'est
presque l'énoncé bref et sec d'un catéchisme, ajoutons d'un catéchisme de réformé. Rivaudeau garde quelque peu la raideur
de celui qui non seulement prêche une doctrine, mais veut la
défendre contre des adversaires qui la comprennent mal. Ces
adversaires sont les catholiques (1), comme les adversaires des
vrais philosophes étaient les hypocrites. Épictète lui permet
donc de servir sa cause, et c'est pourquoi il en souligne certains
points avec tant de vigueur, **alors que** Politien n'y avait nullement songé. Politien est vraiment philosophe, plus préoccupé
de métaphysique que de morale; une divergence de vues devait
fatalement s'établir entre les deux traducteurs. L'attention de
Rivaudeau se porte sur le précepte lui-même, et s'il en reproche
au traducteur l'interprétation, c'est souvent au nom de la morale.
Au chapitre 37, par exemple, il est question de la chasteté
avant le mariage. Rivaudeau reproche très nettement à Politien
d'avoir, par la façon dont il a traduit, laissé flotter un doute
sur ce précepte rigoureux de la morale d'Épictète. Politien
avait, en effet, écrit : « Quod si cogimur, quæ tamen sunt
legitima assumenda », ce que Rivaudeau exprimera plus claire-

(1) Cf. *Observations*, chap. 20.

ment : « Et qūand on se veut lier, il s'y faut prendre légitime-
mement et en *lien permis*. » Ce *lien permis*, c'est le mariage,
que nous ne trouvons pas exprimé dans Politien. Or, ajoute
Rivaudeau, « l'interprète l'entend ainsi que si nous sommes
contraints de coucher avec les femmes, il s'y faut prendre
legitimement... Mais quoy, peut-on jamais legitimement paillarder? » Et dans le même ordre d'idées, Rivaudeau avait encore,
au chapitre 9, reproché à Politien une traduction trop large,
lorsqu'il avait écrit : « Si malum habeas vim bonam invenies
ut ad voluptatem continentiam », ce que lui il exprimait en
français, avec infiniment plus de précision : « S'il se presente
une beauté d'homme ou de femme, les forces dont tu te dois
defendre sont en la continence. »

Ses remarques sur le sens propre des mots sont plus intéressantes ; elles témoignent d'une connaissance assez approfondie
de la langue grecque. Politien lui était-il inférieur sur ce point,
comme les critiques de Rivaudeau le laisseraient à croire? Là
encore, nous ne pouvons faire que des conjectures, car nous
n'avons point entre les mains le manuscrit dont s'est servi
Politien. Quelquefois, pourtant, les critiques du philologue
semblent fondées, et il est possible que Politien philosophe ait
négligé d'avoir l'exactitude d'un grammairien.

Pourquoi au chapitre XXIII, lorsque le texte fait marcher de pair
deux diminutifs, σωματίῳ et κτησειδίῳ. Politien traduit-il l'un par
corpori, l'autre par *gloriolæ* ? Mais il y a parfois faute plus
grave, il y a contre-sens, c'est-à-dire faute contre le bon sens,
et Politien aurait pu l'éviter, même avec un texte inexact. Au
chapitre XXII, ce passage avait été bien compris par Rivaudeau :
« Mais quoy? disent-ils, la patrie demourra sans secours au
moins de ma part? Quel secours me dites-vous? est-ce qu'elle
n'aura point de porches ou d'estuves? Car elle n'a pas des
souliers des armuriers ou des armes du cordonnier. » Politien
avait entendu tout le contraire : « Neque enim calceos habet per
cerdonem neque arma per fabrum. » Et Rivaudeau de s'écrier :
« Mais je ne sai ou le traducteur a si fort resvé quand il a mis
des souliers du ravodeur et des armes de l'armurier. Car c'est

contre l'intention de l'aucteur. » Rivaudeau ne ménage donc point ses critiques à celui qui avait été pourtant un précurseur dans cette voie de vulgarisation d'Épictète, où il s'engage lui-même. Pourquoi se montre-t-il si sévère? Nous l'avons vu, il y a divergence de vue entre le philosophe que fut Politien et le moraliste réformé, mais il y a aussi rivalité d'humaniste. Rivaudeau a l'orgueil de ces humanistes de la Renaissance, qui ont la joie d'avoir en leur possession un bon manuscrit dont ils peuvent donner la primeur au public émerveillé. L'auteur ne nous a point caché ce sentiment, puisqu'il le confesse très nettement dans sa préface, et dans un certain sens nous allons montrer que cet orgueil était fondé. Rivaudeau a fait vraiment dans sa traduction, en même temps qu'œuvre de bon philosophe, œuvre originale.

Nul n'a plus que lui le sens strict des mots. Dès le chapitre premier, il explique la traduction qu'il a donnée du Τῶν ἐντων, *entre les choses humaines*, ainsi que celle des mots ὁρμή et ὁρεξις. Il se met sur ce point d'accord avec les Latins, et parmi ceux-ci avec Cicéron! D'ailleurs, s'il prend quelque liberté avec le texte, ce n'est pas sans réflexion. Au chapitre VII, τοῦ πλοίου χαθορμισθέντος traduit littéralement, signifie bien, en effet, *que le vaisseau a touché au port*; or, Rivaudeau n'admet point le mot *port*: avec une femme et des enfants, l'on ne peut jamais arriver au port, dit-il. Le raisonnement paraît quelque peu spécieux; nous ne le discuterons pas ici, nous ne le donnons que pour justifier les intentions de Rivaudeau, qui compte bien restituer un texte exact, non seulement en traduisant mot à mot, mais en suivant aussi les indications du bon sens.

Aucun détail ne lui échappe. Au chapitre IV, Politien avait désigné par le mot *irrorantes*, ceux qui, au bain, vous jettent de l'eau. Rivaudeau n'accepte point ce terme, car il convient aussi bien à ceux qui le feraient par métier qu'à ceux qui le feraient méchamment. Ses corrections grammaticales sont presque toujours justes. Il a raison au chapitre 7 de considérer dans ὁ γέρων le ὁ comme superflu; de vouloir au chapitre 20 remplacer le με σχῆς qui n'a aucun sens, par μή σχῆς; de corriger au chapitre 27

ἐπίσκεψε en ἐπίσκεψαι, au chapitre 60 ὅτι χρύσιππος en χρυσίππου.
Il n'est donc nullement prisonnier d'un texte; s'il a critiqué
Politien, il sait aussi critiquer le texte qu'il a entre les mains.
D'ailleurs, il rend justice à Politien quand il y a lieu; il revient
parfois à ses divisions de chapitres. C'est ainsi que, contrairement à son exemplaire grec (1), il sépare les chapitres XXXVII
et XXXVIII, *pource que c'est un autre propos*. Pourtant, Rivaudeau
n'évitera pas, lui non plus, des incorrections, soit de texte,
soit d'orthographe, soit de ponctuation. Au chapitre 26, il
écrit περμάτων au lieu de πεμμάτων; au chapitre 28, ὑπαγορσύεται
au lieu de ὑπαγορεύεται. Au chapitre XXXI, la virgule placée
après σπανίως fait retomber cet adverbe sur le verbe qui précède,
et le sens se trouve ainsi faussé. Quelquefois, les mots qu'il
choisit nous étonnent et nous cherchons en vain le lien qu'il
a pu établir entre le sens du mot français et du mot grec.
Tel au chapitre x, *endurer la faim* et ἀποθανεῖν; παῖδα a toujours
pour lui le sens de fils, alors qu'il apparaît bien nettement
que c'est celui d'esclave. Enfin, il n'a pas, lui non plus, évité
le contre-sens. En supposant, comme nous pouvons le faire,
qu'il se soit servi d'un texte très proche de celui de Neobarius,
et en comparant ce dernier texte avec sa traduction, au chapitre XXVI, nous trouvons un contre-sens. « Tels hommes sont
ceus là qui ayans veu un philosophe, ou oyans que Socrate
triomphe de bien dire », tandis qu'il faudrait : « Pour avoir vu
un philosophe ou avoir entendu quelqu'un parler comme
Socrate... » De même, au chapitre LVI, il traduit : « Il venoit
des philosophes vers luy qui vouloient estre en sa compagnie
pour curiosité qu'ils avoient de l'ouïr et deviser », alors que le
sens était : « Les jeunes gens le priaient de les recommander à
quelques philosophes; il les conduisait lui-même. » Mais il faudrait
reprendre toute la traduction mot à mot en la comparant au
texte (2), si l'on voulait vraiment se rendre un compte exact de

---

(1) Il nous paraît à peu près évident qu'il dut avoir entre les mains le texte de
Neobarius, ou un texte tout proche. Nous y retrouvons les mêmes divisions et
aussi les mêmes erreurs.

(2) Le texte de Neobarius.

la valeur de la traduction. Ce qu'il importait avant tout de dégager, c'était le progrès réel que Rivaudeau avait fait accomplir à la traduction française, et pour cela il fallait qu'il y eût en lui un helléniste de valeur; cet helléniste, il le fut malgré quelques erreurs. L'érudit nous intéresse moins; il ne joue d'ailleurs qu'un rôle secondaire; il s'essaie bien de temps en temps à quelques remarques, soit de science, soit d'histoire, mais il n'insiste guère. Il disserte au chapitre 7 sur ces *coquilles de mer* que l'homme peut ramasser sur le rivage, mais qu'il doit abandonner, avec sa femme et ses enfants, au moindre appel du maître; sur les *oignons sauvages;* au chapitre 26, sur ces πεμμάτων qu'il écrit περμάτων et qu'il traduit par ouvrage de four; sur le *haphe*, qu'il traduit comme Ovide par poussière. C'est que Rivaudeau connaît lui aussi ses auteurs anciens; il ne serait pas de son temps, ni du groupe des néo-stoïciens, s'il les avait complètement négligés. Pourtant, il n'en fait point abus. Il craint de lasser ses lecteurs par ces formes un peu rébarbatives de l'érudition, et il est curieux de voir comme il se reprend brusquement lorsqu'il se laisse aller, comme il pourrait le dire en son pittoresque langage, « à faire l'érudit ». Au chapitre 27, il vient d'expliquer ce qu'était le pentathle, « celuy qui est vainqueur en cinq sortes de combats », et il ajoute : « Si quelcun veut savoir ces cinq jeus, il faut aprendre d'un épigramme de Simonide, dont nous laisrons le grec, car tout le monde en a la teste rompue. » Pour Rivaudeau, il n'y a donc pas à craindre la fausse érudition, qu'elle soit celle des anciens ou des scolastiques; cette dernière surtout, il la repousse avec horreur. Au chapitre 52, il vient de se laisser prendre à une discussion quelque peu subtile; il se ressaisit aussitôt brusquement par ces mots : « Mais qu'avons-nous affaire icy de ceste dialectique? », c'est bon pour ceux auxquels « il est toujours avis qu'ils sont à la chapelle de Boncourt ».

Tout en restant dans le sillage des néo-stoïciens qui ont la mémoire toute pleine de citations d'auteurs sacrés et profanes, Rivaudeau sut garder une certaine originalité en observant la mesure. Les rapprochements qu'il fait entre les Écritures et le

Manuel sont assez sobres et ont tous une portée morale pratique. Le Nouveau Testament lui est plus familier que l'Ancien Testament et les Pères de l'Église ne le touchent guère. Aussi, quand il parle de la méditation de la mort si propre au chrétien (chap. 19), de la réjouissance que le chrétien doit éprouver pour le bonheur qui arrive à autrui (chap. 23), des devoirs que nous avons à remplir vis-à-vis de nos parents, et même de mauvais parents (chap. 28), de la piété envers les dieux, qui consiste en la soumission la plus absolue en la Providence (chap. 29), de la continence (chap. 37), de la retenue dans les paroles (chap. 43), du courage (chap. 61), etc., les comparaisons qui se pressent dans son *Commentaire* sont prises toutes dans le Nouveau Testament. Ce sont des citations de l'Évangile, des Épîtres, de l'Apocalypse, des Actes des Apôtres, mais faites simplement, sans l'appareil de l'érudition.

Rivaudeau n'a donc point perdu les traits caractéristiques des néo-stoïcien; c'est en stoïcien chrétien qu'il a regardé Épictète, mais après l'avoir regardé, il l'a admirablement vêtu de la forme française de notre belle langue imagée et vivante du XVIᵉ siècle, et c'est là sa plus grande originalité.

Que d'expressions vives, pittoresques, il y aurait à relever si l'on voulait dégager tout ce que Rivaudeau a mis de vraiment personnel dans son style de traducteur. « La boiture fait empeschement à la cuisse, mais non à la résolution » (chapitre VIII). « Il faut dès le commancement s'efforcer de n'estre empoigné par les imaginations. Car si tu les peux par quelque temps tenir en bride, plus facilement te vaincras tu toy mesme » (chapitre XVIII). « Veus tu avoir la victoire des combats Olympiens?... Il faut endurer d'estre quelquefois blecé aus mains, de se desnouer un pied, avaler force poussiere, et telles fois d'estre bien fouaillé » (chapitre XXVI). « Quand tu vas ches quelcun de ceus qui ont grande puissance et auctorité, propose toy que ou tu ne le trouveras pas à la maison, ou que tu attendras dehors et l'on te fera visage de bois » (chapitre XLII). « Garde toy aussi d'engendrer risée. Car c'est une façon qui te feroit aisement couler aus mœurs du vulgaire... Il est bien dangereus aussi de se ruer en propos vilains et deshonnestes, et si cela arrivoit quelquefois, il faut que tu tances asprement celuy qui s'est si fort avancé... » (chapitre XLIII).

Et à côté, quelle variété dans les expressions, alors qu'Épictète prodiguait les redites! Ce mot φαντασίαι, il le traduit tantôt par passions : « les passions ne t'emporteront pas » (chapitre IX), tantôt par imaginations : « il faut... s'efforcer de n'estre empoigné par les imaginations » (chapitre XVIII), tantôt par fantazies (chapitre XIV).

Rivaudeau sait aussi, quand il le faut, revêtir cette rudesse de forme qui convient à merveille à une morale austère : « Va donques chez le devin, dit-il, vide d'affection desireuse et de crainte »; si le présage est mauvais « il est tout clair que la mort t'est signifiée, ou l'estropiement d'une cuysse, ou l'exil » (chapitre XXX). « Mets toy journellement devant les yeux la mort, le bannissement et toutes les choses qui semblent espouvantables et surtout la mort... » (chapitre XIX). Il ne pouvait traduire plus strictement ce conseil d'Épictète et avec plus de vigueur. Parfois, c'est la concision de la forme qui lui sert à donner plus de force à la pensée : « Te souvienne que tu es joueur d'une farce telle qu'il plaist au maistre, courte s'il veut, et longue s'il veut qu'elle soit telle » (chapitre XV). « Si tu veus que ta femme et tes enfans vivent à jamais, tu es fol... De mesme si tu veus que ton fils ne peche jamais, tu es un fad... Celuy-là est seigneur de chasque chose qui a la puissance d'oster ou donner ce qu'il lui plaist... » (chapitre XII).

D'autres fois, au contraire, il lui semble plus important d'insister sur un mot; il essaie alors de le mettre en lumière, en le renforçant d'un synonyme. Ἐμπόδιον, il le traduit par « ennui » et « incommodité » (chapitre VIII); δύναμιν par « force » et « vertu »; ἐπιλογισμόυς : par « importunes considérations ». C'est ainsi qu'il semble ajouter au texte; mais en examinant de près sa traduction, il est facile de constater qu'il ne fait que mieux dégager l'idée sans fausser le sens. D'ailleurs, il suit admirablement le mouvement de la phrase d'Épictète quand il le faut. Il suffit de relire sa traduction du chapitre X pour en

6

avoir un excellent exemple : « Ne di jamais de rien de ce monde : j'ay perdu cela, mais je l'ay rendu. Ton fils est il mort? Il a esté rendu. Ton champ t'a il esté ôsté? Il a aussi esté rendu... Que te chaut-il par qui celui qui te l'avoit donné l'a redemandé?... » S'il a suivi aussi fidèlement le texte grec, n'est-ce point que le traducteur avait compris tout ce qu'il y avait de pressant, d'impératif dans cette accumulation d'interrogations, dans ces réponses courtes et nettes? Et que d'autres passages du même genre ne pourrions-nous pas citer?

Toutes ces remarques nous permettent donc de conclure que Rivaudeau a vraiment fait preuve de talent; non seulement il a pénétré l'âme du *Manuel*, mais il l'a fait revivre dans une traduction fidèle au lieu de se laisser aller au plaisir de la paraphrase et du commentaire. Il a compris qu'Épictète devait rester lui-même et ne gagnerait rien aux développements littéraires. Il fallait laisser à son *Manuel* cette merveilleuse concision que requiert toute formule de commandement. Rivaudeau venait de fixer son sort. Il avait montré qu'il était possible de faire œuvre de littérateur, de moraliste et de philologue en respectant Épictète et en se contentant de le revêtir d'une forme correcte, élégante, pittoresque, éminemment française en un mot.

Après lui, les traducteurs suivront le même chemin, aucune tentative nouvelle de paraphrase ne sera tentée, si l'on en excepte la *Philosophie morale des stoïques*, de Guillaume Du Vair, qui est plutôt un traité de morale inspiré du *Manuel* qu'une paraphrase de ce *Manuel*. Nous avons du reste de lui une traduction très exacte du *Manuel*, dont il faut dire quelques mots puisqu'elle vient clore, en quelque sorte, cette série des traductions françaises au XVI⁰ siècle.

CHAPITRE III.

LA TRADUCTION DU " MANUEL " DE GUILLAUME DU VAIR.

Cette traduction (1) est presque une traduction classique, et par la langue, qui est proche de celle du XVII⁰ siècle, et par l'exac-

(1) Cf. édit. de 1625, p. 314.

titude. Du Vair recueille à la fois le bénéfice de tous les efforts
qui viennent d'être tentés pour dégager la traduction de la
traduction latine qui si longtemps l'avait comme enserrée de
liens dont elle ne pouvait plus se défaire, et de ceux qui furent
faits pour la rapprocher d'un texte exact. Ce texte exact, il ne
peut plus l'ignorer puisque sa traduction est de près de trente
ans postérieure à celle de Rivaudeau et que Rivaudeau annonçait
déjà à la fin de ses *Observations* un ample travail sur Épictète.
Il ne peut plus songer à paraphraser Épictète puisqu'il l'a déjà
développé dans sa *Philosophie morale des stoïques* (1); il ne lui
reste donc qu'à restituer le *Manuel* en français, le plus exactement possible, et c'est ce qu'il fit en somme.

Quel texte a-t-il entre les mains? Sans nul doute, il a dû
connaître les traductions françaises de ses prédécesseurs, particulièrement celle de Rivaudeau. A-t-il connu les traductions
latines les plus proches de lui, celle de Wolf par exemple?
La question reste difficile à résoudre. Nous serions plutôt tenté
de croire que Du Vair dut surtout s'en référer à un texte, sinon
un manuscrit, du groupe de ceux qui furent utilisés par les
éditeurs et traducteurs français de la première moitié du
XVIᵉ siècle, Neobarius et Caninius, et à la traduction latine de
Politien, car il n'avait plus les mêmes raisons que Rivaudeau
pour repousser l'appui d'un humaniste trop accrédité. Il ne
craint pas d'emprunter à ce dernier ses divisions de chapitres
et d'aller ainsi à l'encontre des corrections de Rivaudeau. C'est
ainsi qu'il admet comme Politien les chapitres 11 et 12, 15 et 16,
21 et 22, 30 et 31. Parfois, au contraire, c'est à Rivaudeau qu'il donne raison contre Politien. Il choisit ce qui lui
paraît le plus conforme à son texte ou au bon sens, et c'est
ainsi qu'il nous paraît parfois introduire quelques erreurs dans
la traduction. Mais notons que c'est presque toujours aux
passages qui avaient été déjà cités comme défectueux par Politien lui-même (2). Une seule fois même, il nous semble avoir

---

(1) *La Renaissance du Stoïcisme au XVIᵉ siècle*, IIᵉ partie, chap. VII.

(2) Du Vair, au chapitre 18, en traduisant : « Si vous voyez quelqu'un en deuil qui
pleure, ou pource que son fils s'en est allé voyager, ou bien est mort », combine à

vraiment adopté résolument le contre-sens, quand il traduit par
« s'aller promener et se faire trainer en coche » ce que Politien
avait traduit en latin par « cacare et coire » et que Rivaudeau
n'avait point hésité à traduire strictement (1). Du Vair a dû
reculer devant la grossièreté de ces deux mots. Quelle autre
raison aurait-il pu avoir, puisque Rivaudeau et Politien s'étaient
cette fois trouvés d'accord. Par contre, il a évité plus d'un
contre-sens laissé par son devancier. Au chapitre XXVII, Rivaudeau avait écrit : « Cela, te di je, considere bien, et si tu veus
perdre pour cela le repos et tranquilité de ton esprit, et ta
liberté? »; ce que Du Vair interprète, et à bon droit, de façon
tout à fait contraire et conformément au texte actuel : « Regar-
dez si vous voulez vous assubjettir à tout cela, pour acquerir en
contre-eschange une constance, liberté et tranquillité d'esprit »
(chapitre 32). Au chapitre 60, il traduit fort exactement
aussi ce passage qu'avait mal compris Rivaudeau : « Car
Socrates a voulu en toutes choses oster l'ostentation. Il y en
avoit qui alloient vers luy pour le prier de les mener chez les
philosophes, et il les y menoit, tant il se soucioit peu que l'on ne
fist cas de luy » (2); de même, au chapitre 64 : « Je demande
qui me l'apprendra? Ayant entendu que c'est Chrysippus, je vay
à luy. » Rivaudeau n'avait point évité le contre-sens (3). Ce
passage avait été déjà contesté par Politien lui-même, mais
il faut rendre justice à Du Vair, il a réussi à l'éclaircir beaucoup
mieux que Rivaudeau.

Un progrès s'est donc accompli au sujet du texte même.
Du Vair a su d'ailleurs profiter des corrections de Rivaudeau
et peut-être de celles de Wolf qu'avait négligées Rivaudeau.
Il va jusqu'à tenir compte de ces diminutifs que Rivaudeau

la fois la traduction de Rivaudeau et celle de Politien et introduit un mot en
trop. Choisissant « est mort » qui répond bien à « obierit » de Politien et au bon
texte, il aurait dû laisser l'autre.

Cf. chap. 66, 67, 68.

(1) Cf. Rivaudeau, *Observations*, chap. 51, et Du Vair, *Manuel*, chap. 55.

(2) Ibid., *Manuel*, chap. LVI.

(3) Ibid., *Manuel*, chap. LX.

reproche à Politien d'avoir laissés de côté (1). Il écrit au chapitre 13 : « Un peu d'huile respandu, un peu de vin desrobé. »
Au chapitre 22, il reprend la traduction du mot πρύτανις laissé
de côté par Politien (2); au chapitre 32, il traduit exactement πεμμάτων (3) par « pâtisserie »; au chapitre 33,
σχέσις (4), par « qualité »; au chapitre 36, συγκρίνων (5)
par « faire comparaison »; au chapitre 40 (6), il reprend le mot
οἰκετιάν également omis par Politien. Ce qui prouve bien
que si Du Vair sut éviter les fautes de son devancier, il sut
aussi profiter de ses corrections et mettre au point ses critiques.
Rivaudeau et Politien ont ainsi contribué pour une forte part
à la traduction de Du Vair. Cela n'empêche point que Du Vair
ait fait dans cette traduction œuvre vraiment originale et qui
mérite une place tout à part dans notre littérature. Le moraliste
a su profiter chez lui de l'écrivain et de l'orateur. Il a de l'écrivain cette richesse, cette souplesse du vocabulaire, qui lui permet
de rencontrer toujours le mot juste. « Si vous aimez un pot de
terre, *faictes estat* que c'est un pot de terre... » (chap. 3).
« Vous estant accoustumé à cela, vous n'aurez point l'esprit
deschiré de *fascheuses imaginations* » (chap. 10). « Celuy-là est
maistre d'autruy qui luy peut donner ou oster ce qu'il desire, et
ce qu'il ne desire pas » (chap. 16). Nous avons là, déjà, la
correction de la phrase classique, et combien plus encore dans
ce passage : « S'il vous vient en l'esprit quelque imagination de
volupté, gardez qu'elle ne vous emporte » (chap. 48). C'est
sobre, d'une exactitude rigoureuse. Mais cette correction ne
l'empêche point de trouver lui aussi des expressions pittoresques
et imagées : « Je vivray sans honneur, je seray un homme de
neant » (chap. 27). « Car cela sent son plebée, et son homme
qui se laisse transporter aux choses externes » (chap. 46).

(1) Cf. Rivaudeau, *Observations*, chap. 16.
(2) Ibid., chap. 17.
(3) Ibid., chap. 26.
(4) Ibid., chap. 28.
(5) Ibid., chap. 31.
(6) Ibid., chap. 36.

« C'est un pas bien glissant, qui meine aisément aux façons de faire du vulgaire... outre qu'il y a danger que pour ce faire, n'usions de sales paroles... Si nous nous trouvons en lieu où l'on en use..., en nous refrognant », montrons « que nous n'y prenons pas plaisir » (chap. 47). Mais c'est l'orateur qui sait le mieux revêtir d'une forme originale le *Manuel*, lorsque la phrase se prête au mouvement oratoire. Relisons ce passage du *Manuel*, par exemple, où Épictète, s'adressant à son disciple, le presse de questions : « Mais mes amis ne tireront aucun secours de moy : Qu'entendez-vous par là? (reprend Épictète), vous ne les aiderez point d'argent, vous ne leur donnerez point le droit de bourgeoisie Romaine. Et qui est-ce qui vous a dit que cela dépendoit de vostre fait, et non pas de celuy d'autruy? Qui est-ce qui peut bailler à un autre ce qu'il n'a pas luy-mesme? Acquérez des moyens, disent-ils, afin que nous y participions. S'il y a moyen d'en acquerir en me conservant modeste, fidele et courageux, monstrez-moy comme il faut faire, et j'en acquerray : que si vous estimez que je doive perdre le bien qui m'est propre, afin que vous obteniez ce qui n'est point vrayement bien, considerez combien vous estes desraisonnables et ingrats... » (chap. 27). Quelle vigueur, quel mouvement! Il est vrai qu'Épictète en avait donné l'exemple, mais encore fallait-il le rendre dans notre langue et sans en rien perdre. Du Vair ne craint point la répétition des mêmes mots, du même tour, lorsqu'il veut donner plus de force au précepte : « Si vous pensez que ce soit son bien, dit-il au chapitre 28, vous vous devez resjouir de ce qu'il luy est arrivé. Si vous pensez que ce soit son mal, vous ne devez pas vous plaindre, qu'il ne vous soit pas advenu. » D'autres fois, c'est la phrase coupée en propositions de même construction, qui lui donne le mouvement oratoire. « Pourquoy, dit-il, encore de ce même chapitre, aura autant celuy qui ne veut point attendre à la porte d'un Monsieur, que celuy qui n'en bouge, celuy qui ne l'accompagne point, que celuy qui le suit partout; celuy qui ne le loüe point, que celui qui le flatte? »

Avec Du Vair, Épictète s'installe dans notre littérature; il est définitivement habillé à la française, puisqu'il bénéficie de ce fait qu'il est traduit par un de nos meilleurs écrivains du XVIᵉ siècle, et qu'il est traduit exactement sans commentaire. Mais en réalité c'est avec Rivaudeau que le *Manuel* était devenu vraiment français. C'est lui qui le premier a introduit en France la critique de ce texte et qui a pris soin d'écrire, avec un véritable talent, une traduction exacte. Il avait eu d'ailleurs tout ce qu'il fallait pour cela; protestant d'esprit et de cœur, protestant même sectaire, il était parfaitement en état de comprendre la doctrine impérative et rude d'un Épictète. Bon écrivain par ailleurs, il était capable de l'exprimer avec force et élégance; c'est ce double avantage qui fait de sa traduction la traduction type des traductions françaises du XVIᵉ siècle, et c'est pourquoi nous la donnons ici.

LA DOCTRINE
D'Epictete Stoicien,
OU L'HOMME SE
PVT RENDRE VERTVEVS,
libre, heureus, & sans passion.

Traduitte du Grec en François par ANDRE' RIVAVDEAV Gentil-homme du Bas-poictou.

Obseruations , & interpretations du mesme aucteur sur les plus obscurs passages.

A POITIERS,
Par Enguilbert de Marnef.
1567

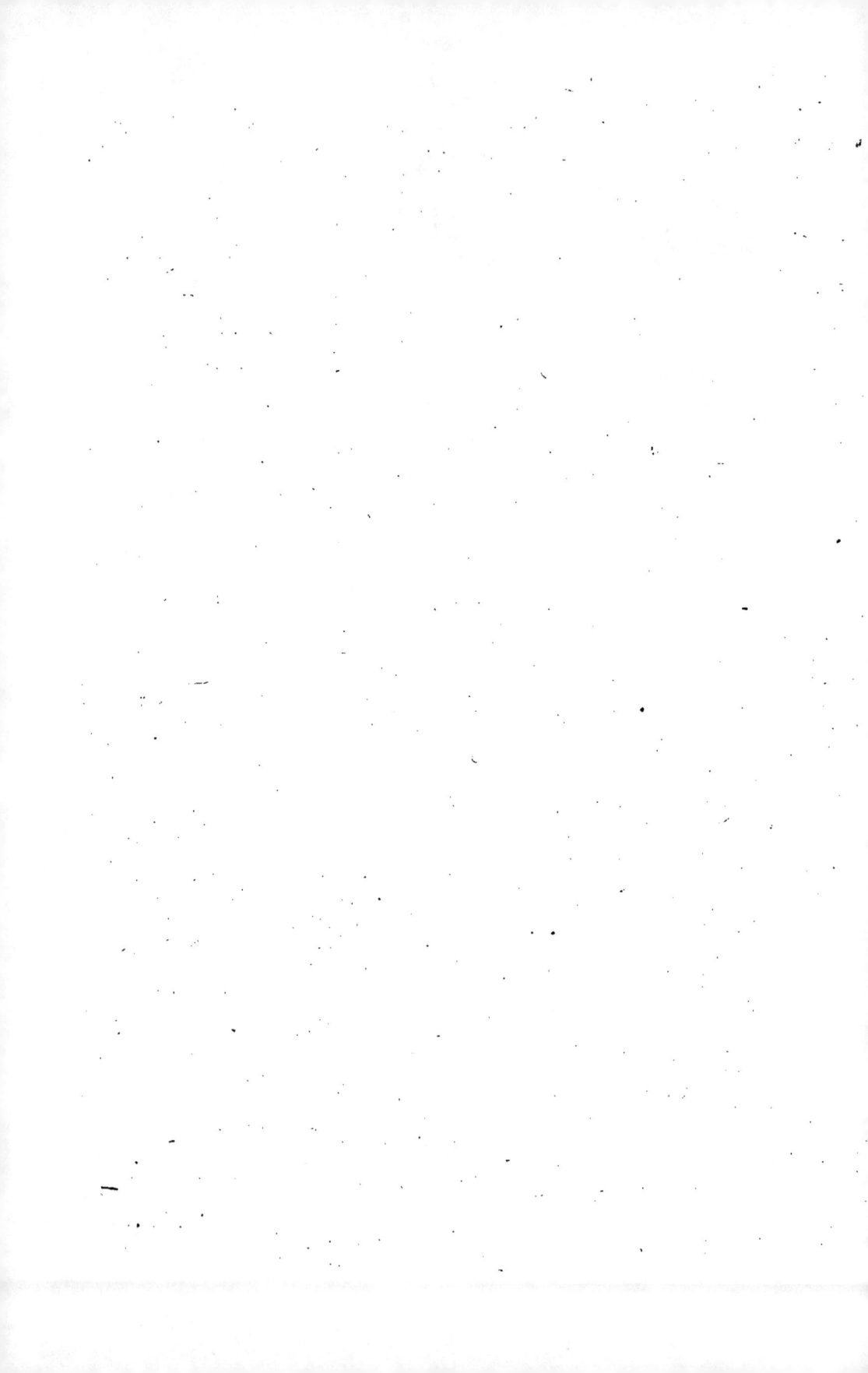

ANDRÉ RIVAUDEAU

A

HONORAT PREVOST

Son bon Seigneur et amy.

Mon Honorat,

J'ay tousjours acoustumé de consacrer aus grands le titre
ambitieus des livres, mais quand il est question d'en faire
quelcun juge et comme censeur, je m'adresse à tel qui le recevoit,
non pour entendre, mais pour juger. De cette façon ay-je
prié le seigneur de la Noüe de Bretaigne, gentilhomme de rare
et delié jugement, et mon amy, de cognoistre de mes premieres
œuvres, qui sont au jour, soubs le nom de la Royne de Navarre,
princesse digne de toute louange. Ainsi, meis-je y a pres de neuf
ans entre vos mains, la cause d'Albert Babinot, poëte chrestien,
et la voyant aprouvée par vostre tesmoignage et recommandation,
je mesprisé tous les zoïles et faux aristarques de France, comme
je fay de cette heure un tas de nouveaus hommes, enfans de la
terre, qui bruslans de jalouzie, et epoinçonnés de secrettes
passions, s'avancent de juger nos faits et dits, et exercent de
cruelles envies contre moy et ma renommée naissante. Mais ce
propos me cuist, et il m'est trop plus aggreable et doux, de me
ressouvenir des jours et mois que nous avons passés à Poictiers
autresfois, en grand contentement et repos, par la communi-
cation des lettres, combien que vostre fievre quarte vous tour-

mentast fort à l'heure. Je vous fei bonne compagnie, et nous ne perdismes temps. Je croy qu'il vous resouvient bien en quoy nous l'employasmes. Depuis je vous ay veu une seule fois en Cour à Sainct Germain en Laye, en la chambre du feu Roy de Navarre. Je veus aussi ramentevoir les frequentes exhortations que vous me faisiés pour m'avancer, ayant conceu telle esperance de moy, que si la fortune (qu'il me soit permis de parler ainsi sans faire force sur le mot qui n'est pas chrestien) y eust satisfait, j'ay opinion, et ne me glorifie qu'en la grace de Dieu, que le reste n'eust point manqué. Mais la mort du Treschrestien Roy Henry, de qui nous esperions beaucoup, et les troubles qui sont survenus depuis m'ont fait embrasser la sentence : *Qui a esté bien caché, a bien vescu.* Combien que je n'ay failli à la religion et republique et au service du Roy en ce qu'une privée personne peut et doit. Mais asses de cela. Je vous prie vous faire croire que ni la longueur du temps, ni la distance des lieus qui nous ont tant separés, ont en rien amoindri ni refroidi de ma part l'amitié jurée entre nous, à laquelle je n'espere non plus faillir qu'à ma reputation que j'ay plus chere que ma vie. Cette lettre servira de tesmoignage à la posterité, en quelle estime j'ay eu votre vertu, pour laquelle je vous ay honoré present et absent, et vous ay fait part en mes œuvres comme à celuy qui merite juger des plus grandes choses. Or quand à cette-cy, elle se doit peut estre estimer petite pour mon regard, mais certes tres grande pour le respect d'Epictete, duquel je vous peus assurer pour ce livret, qu'apres la lecture des saincts escripts vous n'en sauriés trouver en tout le reste des meilleurs escrivains qui vous apporte plus de consolation et contentement. Voilà ce que j'avoi à dire. Mais cependant que ma traduction est soubs la presse, Monsieur de la Guillotiere mon pere m'a communiqué de sa tres copieuse Bibliotheque, le *Commentaire* de Simplicius sur Epictete, fait Latin par Angelus Caninius, fort abile homme et grandement versé aus lettres greques, soubs lequel j'ay ouy en ma grande jeunesse l'obscur livre quatriesme de Theodorus Gaza. Or je me plaisois tant en ma traduction que je ne voulois recercher aucun aucteur qui m'y peust servir, et *quodammodo*

ἐνεανιευόμην, et me desplaisoit que je ne voyoy' l'original de la
langue de Simplicius, mais mon pere à qui la longue experience
des choses et le perfait savoir des bonnes lettres ont apporté
plus de meur jugement, a bridé et resserré cette mienne presomption, et m'a exhorté, et apres commandé de revoir ma version
sur ce *Commentaire*. Ce qu'ayant fait, vous pourrés voir, tres
cher Honorat, en mes observations ja imprimées, et ou je ne
peus plus rien changer, comme mes interpretations s'accordent
heureusement avec celles de ce philosophe,' et me contente
merveilleusement à part moy de cette rencontre, voyant un si
suffisant homme qu'estoit Politian s'en estre si fort eloigné.
Ce-pendant je cotteray icy ce qui le meritera de cette mienne
reveüe. Caninius a retenu mot à mot et religieusement suivi
la version de Politian, hors mis ou il l'a veu se forpaizer trop du
texte du premier aucteur, comme au chapitre premier, il se pourra
voir qu'il a remis, ce que j'ay noté avoir esté obmis par le
traducteur, et le mot de liberté que cestuicy avoit retrenché.
Et au 36. le mot οἰκετίαν laissé par Politian, se treuve au
Commentaire de ce philosophe, et Caninius l'a rendu servi-
tium, mais j'aimeroy, mieus *famulatum* et mieus *familiam*.
Le mesme pour δόξαν, le traducteur a mis *gulam* qui est
un songe; et au 39. l'on verra comme je m'accorde avec
Simplicius, et quand à ce dont j'ay taxé Politian au 42.
Combien que Caninius l'ait suivi, si est-cé que relisant le
Commentaire de son aucteur, il trouvera, s'il est encor' vivant,
qu'il ne l'a ni bien consideré, ni suivi. Au 51, je me suis
conformé au texte grec, et paroist que celui de Simplicius
estoit pareil. Au 57. il se treuve en la version de Caninius
une differente leçon, tant d'avec la mienne qu'avec celle de
Politian. Entre autres traits, il y a : *Ne va point autour des*
statues. Le lecteur curieus pourra voir le lieu. Toutesfois, cette
sentence s'y trouve qui n'est en mon exemplaire. *Et pense à part*
toy combien les mendians ont plus à souffrir, et sont plus patiens
que nous. Quand au 62. ch. que Politian a tant mutilé, il l'a fait
contre l'auctorité de tous. Il va tout ainsi au dernier. J'ajousteray
ce petit mot à mes observations, que Cleanthe, dont il est parlé,

estoit philosophe stoïque, disciple de Zenon, et precepteur de Chrysippus. La derniere sentence du livre est tirée partie du *Criton* de Platon et partie de l'*Apologie* qu'il a fait pour Socrate. Vous recevrés doncques, treshonoré Honorat, ce mien labeur sous la protection de vostre jugement pour le maintenir contre les sycophanties de ceus qui m'ont vexé depuis dix ans d'imputations intolerables, et n'ont onques peu souffrir que je tinsse le renc, que mes longues estudes et tant de veilles et travaus ont aucunement merité.

Je prie nostre bon Dieu qu'il vous doint la paix et faveur de son fils Jesus Christ.

De la vieille Groizardière, ce XX de janvier 1567.

La vie d'Epictete, recueillie par André Rivaudeau.

Epictete, philosophe, natif d'Hierapolis, ville de Phrygie, fust serf d'Epaphrodite, archer de la garde de l'Empereur Neron. Il estoit estropiat d'une cuysse par l'inconvenient d'un catarre, et faisoit sa demeure à Nicopolis. Il vesquit jusques au temps de Marc Antonin, et escrivit beaucoup de choses. Voilà ce qu'en dit Suide. Ange Politian ajouste que du regne de Domitian s'ennuiant de sa tyrannie, il laissa Rome et se retira à Hierapolis en son pays. Mais je ne trouve pas, qu'estant serf, il eut liberté de faire tous ces remuemens, sinon qu'il fust affranchi, ou serviteur volontaire, ce qui n'est pas vraysemblable. Car estant philosophe, il ne se fust mis au service d'un gendarme et d'un courtizan, exerçant le plus penible estat qui se peut imaginer. Lucian Samosatense, au livret qu'il a fait contre un ignorant qui se pensoit abile homme pour estre garni de beaucoup de bons livres, dit ainsi : Il y a quelcun en ce pays qui a aussi achepté la lampe d'estude d'Epictete, qui n'est que de terre, pour la somme de trois mille drachmes, qui vallent trois cens ecus couronne, et du compte de present, cinq cens dix-sept livres. Ce maistre sot cuidoit que lisant de nuit à la clarté de cette lampe, il acconsuivroit tout incontinent la sagesse d'Epictete, et deviendroit semblable à cet excellent et venerable vieillard. On peut recueillir de tout le passé qu'il vesquit longuement. J'ay trouvé davantage en Lucian (en la vie de Demonax), qu'il n'estoit point marié, par conjecture de la response que luy feit Demonax, auquel il conseilloit de se marier et faire des enfans, comme estant chose non indigne d'un philosophe. Je le veus bien, dit l'autre, mais que tu me bailles une de tes filles en mariage : comme s'il vouloit dire : Tu veus que je face ce que tu n'as pas fait. En un autre endroit, Lucian le fait compagnon de Dion, de Musonius et de Peregrin, duquel il a escript la mort. Je laisse tout ce qu'Arian et les autres en ont escrit, et renvoye le lecteur à leurs livres.

ODE D'A. BABINOT DE POITIERS

A

André RIVAUDEAU

SUR SA VERSION D'EPICTETE

———

Quite donc, Rivaudeau, les Muses gratieuses,
L'honneur de ta jeunesse, et pren les serieuses :
Sui l'inclination de ton cueur genereus
    Et tu vivras heureus.

Il te sufit d'avoir rendu la poesie
Digne des yeux chrestiens, auparavant haie,
Pour estre corrompue et souillée des mains
    Des sales escrivains.

Or' fai monter plus haut ta divine eloquence,
Et fais emerveiller quelque fois nostre France,
Mets au jour ces trezors des langues et des arts
    Et ne crain point les dards

De la jalouze envie : une race science,
Telle qu'est bien la tiene, estaint la medisance,
Et ne craint le sourci, ni les malignes dends
    Des zoïles mordans.

Et puis, quant ta vertu cederoit à l'envie,
Craindrois-tu d'endurer cette honte en ta vie,
Et d'estre du haut Christ, dont tu es serviteur,
    Encor' imitateur?

Or' ayant esclarcy le savoir d'Epictete
Par un plus grand savoir, à si peu ne t'arreste,
Et traite maintenant les utiles secrets
De nos livres sacrés.

Il faut raporter là ta plume et ta parolle,
Car la science humaine est reputée folle
Devant ce grand Seigneur, voire mesme l'eust on
Toute égale à Platon.

Ne fraude point l'Eglise et sa douce esperance
Qui attend de ton mieus l'entiere jouissance;
Donne toy tout à elle, et de ce sainct labeur
Aten tres grand honneur.

LA DOCTRINE
D'ÉPICTÈTE

PHILOSOPHE

Comme l'homme se peut rendre vertueus, libre, heureus,
et sans passion.

Traduite du Grec en François par André RIVAUDEAU,
gentilhomme du Bas-Poictou.

Chapitre I.

Des choses qui sont en nostre puissance, et de celles qui n'y sont pas.

Entre les choses humaines, les unes sont en nostre
puissance, les autres non. Celles cy y sont, l'opinion, l'entreprise, l'affection, le desir, la fuite, et en un mot toutes
nos considerations. Cestes cy n'y sont pas, nostre propre
corps, les possessions, les honneurs, les magistrats, et
en un mot ce qui est hors du pouvoir de nos actions.
Suivamment les choses qui sont en nostre main sont
naturellement libres, et ne peuvent estre defendues ni
empeschées. Celles qui n'y sont pas sont foibles, serves,
et peuvent recevoir defense, et sont d'autruy.

Si donques il t'avient de penser que les choses qui sont
de leur Nature serves, soient libres, et que celles qui sont
d'autruy, te soient propres, tu seras empesché, tu te deu-
leras, tu seras troublé, tu te plaindras de Dieu et des

hommes. Mais si tu as opinion que ce qui est tien, l'est, et ce qui est à autruĩ, n'est pas tien, comme il ne l'est pas, l'on ne te fera force ni defense, tu ne te plaindras d'ame, tu n'accuseras personne, tu ne feras rien envis, tu ne trouveras homme qui t'offense, ou qui te soit ennemy. Car tu ne saurois souffrir aucun outrage. Or te contentant de ces choses icy, sois adverti que non seulement il ne faut embrasser, d'une legere ou mediocre affection, celles là, mais il les faut en partie du tout laisser, et en partie les rejetter à un autre temps; que si tu voulois aussi tout cecy quand et quand, commander, et estre riche, peut estre que cela mesme qui t'est propre, ne sera plus tien, pource que tu aspires tout ensemble à d'autres choses. En tous cas tu n'aquerras jamais par là les moyens d'estre heureus et libre. Pour resolution, en toute violente imagination qui te surprendra, aprens à considerer que c'est une fantazie, et que ce n'est pas ce qu'il te semble. Apres, il faut que tu l'examines et approuves sur les regles que tu viens d'entendre, et singulierement sur cette cy : Si cette imagination est chose de nostre puissance, ou non. Si elle n'y est pas, ayes toujours en la bouche ce mot : Cela ne me touche point.

CHAPITRE II.

Quelles choses il faut desirer, et quelles il faut fuir.

Souvienne toy, que ce que te promet ton affectionné desir est de parvenir à ce que tu souhaites, et ce que te promet ta fuite est de ne tomber point en ce que tu fuis. Celui donc qui ne parvient à ce qu'il desire, est malheureus, et celuy qui rencontre ce qu'il fuit ne l'est pas moins. Or si tu fuis seulement les choses qui ne sont pas de la nature de ce qui est en ta puissance, tu ne tomberas en aucune chose que tu fuyes. Mais si tu fuis la maladie, ou la mort, ou la pauvreté, tu seras infortuné. Tu ne dois donc fuir les choses qui ne sont pas en nostre main, mais tu dois transporter ta crainte en celles qui ne sont du naturel de ce qui est en nostre pouvoir. Et quant au desir violent, il le faut du tout laisser, car si tu souhaites ce qui n'est pas en toi, tu te fais malheureus, et tu ne peus prestement resoudre s'il t'est honeste desirer ce qui est en ta puissance. Use donc du desir violent tout doucement et pesamment, et ainsi que par compte et mesure.

Chapitre III.

En quelle part nous devons prendre nos pertes.

N'oublie pas de prendre garde en toutes les choses qui te seront aggreables, profitables ou cheres, quelles elles sont, commançant par les moindres. Comme si tu aimes un pot de terre pense que c'est un pot de terre, car s'il se casse, tu ne t'en ennuieras point. Si tu aimes ton enfant, ou ta femme, pense que tu aimes un homme mortel, et quand l'un ou l'autre mourra, tu ne seras point troublé.

Chapitre IV.

Quelles considerations nous devons emploier en nos entreprises.

Quand tu es prest d'entreprendre quelque chose, considere quelle elle est. Si tu te vas baigner, mets toi devant les yeux tout ce qui se fait aus estuves par ceus qui jettent de l'eau à leur compagnon, par ceus qui s'entre poussent, qui s'entre injurient, et ceus qui derobent, et ainsi tu feras plus commodement ce que tu voudras si tu as en l'esprit ces deus points aussi tost l'un que l'autre : Je me veus laver, et garder cependant ma consideration naturelle. Et ainsi en toute œuvre. Car s'il s'offre quelque incommodité aus baings, tu penseras aussitost cecy : Je ne m'atendoi pas à cela seulement de me baigner, mais je vouloi bien garder ma resolution accoustumée qui est reglée à la Nature des choses. Ce que je ne feroi pas, si je m'ennuioi de chose qui m'y fust survenue.

CHAPITRE V.

Les opinions de l'homme genereus doivent estre saines.

Ce ne sont pas les choses qui espouvantent les hommes, mais les opinions. Pour exemple : la mort n'est pas terrible, car si elle l'estoit, elle auroit semblé telle à Socrate. Mais c'est l'opinion de la mort qui est effroyable, et rend la mort telle. Si doncques nous sommes empeschés, ou troublés, ou ennuiés, n'en donnons blasme qu'à nous mesme, c'est à dire à nos apprehensions. L'homme indocte et indiscret a cela de propre qu'il blasme tousjours autre que soi. Celui qui est encores apprentif, se blasme soimesme : mais le savant et bien averti n'accuse ni soymesme, ni autre quelconque.

CHAPITRE VI.

De ne se glorifier du merite d'autruy.

Garde toy de t'enorgueillir de l'excellence d'autruy : si ton cheval se glorifioit pour estre beau, il seroit suportable. Mais quand tu te vantes et prens gloire en la beauté de ton cheval, considere que ceste beauté ou bonté est au cheval. Qu'as tu donc de propre? L'usage des considerations. Et quand tu conformeras tes opinions à la nature, tu te pourras à bon droit glorifier, car ce sera pour une tienne vertu.

Chapitre VII.

Il faut penser que ceste vie n'est qu'un passage.

Tout ainsi qu'en une navigation la nef estant quelque fois à la coste, celui qui se met en terre pour prendre de l'eau ne le fait que comme en passant, non plus que celui qui s'amuse à amasser des coquilles de mer, ou des oignons sauvages et squilles : et faut ce pendant qu'il ait tousjours le cueur au navire, et qu'il escoute attentifvement quand le gouverneur l'appellera, et s'il l'appelle, il faut qu'il laisse toutes ces choses, afin qu'il ne soit lié et billé comme les brebis. De mesme est il bien loysible d'avoir durant ceste vie une femme ou un enfant, de la façon qu'on a en un voyage loisir d'amasser des coquillages et des herbes. Mais si le gouverneur appelle, il faut courir au vaisseau, et laisser tout cela sans y avoir regret. Et sur tout celuy qui est desjà vieil et caduc ne se doit aucunement eloigner de la barque, pour ne faire faute quand il sera appellé. Car ainsi comme ainsi, celui qui tirera son collier et ne voudra suivre volontiers, y sera trainé par force.

Chapitre VIII.

Les choses externes ne peuvent blecer la resolution de l'homme vertueus.

Ne desire point que ce qui se fait, se face comme tu veus, mais vueilles qu'il arrive ainsi qu'il arrive, et tu te rendras heureus. La maladie sert d'empeschement au corps, mais non pas à la resolution, si elle veut. La boiture fait empeschement à la cuisse, mais non pas à la resolution. Et faut estendre cette consideration sur chacune chose qui surviendra et qu'on trouvera aporter ennui ou incommodité à quelque autre chose, mais non pas à nous.

CHAPITRE IX.

De quelles armes il faut user contre les passions et autres occurrences.

Pren conseil en toimesme, sur ce qui arrive ordinairement, quelle force et vertu tu as pour en bien user. Comme, s'il se présente une beauté d'homme ou de femme, les forces dont tu te dois defendre sont en la continence. Si un travail s'offre, tu trouveras la vigueur, si une injure, la patience : et quand tu y seras accoustumé, les passions ne t'emporteront pas.

CHAPITRE X.

En quelle part il faut prendre nos pertes, et de ne s'ennuier, si ce qui est hors de nous, nous vient à contrecueur.

Ne di jamais de rien de ce monde: J'ay perdu cela, mais: je l'ay rendu. Ton fils est il mort? il a esté rendu. Ton champ t'a il esté osté? il a aussi esté rendu. Mais celui qui te l'a osté est meschant. Que te chaut-il par qui celui qui te l'avoit donné l'a redemandé. Pour le temps qu'il te sera laissé, ayes en soing comme d'un depost, et comme les voyageurs ont de l'hostellerie. Si tu veus beaucoup faire pour toi, quite ces importunes considerations : Si je mesprise mes affaires, je n'aurai pas dequoi m'entretenir.

Si je ne chastie mon enfant, il sera mauvais garçon. Car il faut mieus endurer la faim, mais que ce soit sans ennuy et sans crainte, que vivre en abondance de biens avec un milier de troubles d'esprit. Il t'est plus desirable que ton fils soit mauvais que toy malheureus. Or sus, commance par les plus petites choses. As-tu perdu un peu d'huyle, ou un peu de vin, pense qu'autant te couste le repos et tranquillité de ton esprit, car nul bien se peut aquerir pour rien. Si tu appelles ton fils, pense qu'il est bien possible qu'il ne l'entende pas, ou s'il l'entend, qu'il ne face rien de ce que tu veus. Mais sa condition ne doit estre si avantageuse que pour luy tu te rompes la teste.

CHAPITRE XI.

Il ne faut desirer gloire ni bruit parmi les hommes.

Si tu desires ton bien, souffre que l'on te juge, pour les choses qui sont hors de toi, simple et de peu d'avis, et au reste ne desire point estre estimé savant, et encores que les autres te pensent estre abile homme, ayes defiance de toymesme. Car il n'est pas aisé de se maintenir en sa resolution conforme à la nature, et aus choses externes ensemble. Mais il est tresnecessaire que celuy qui a grand soing de l'un oublie l'autre.

CHAPITRE XII.

De ne s'affectionner immoderement aus choses dont nous ne pouuons disposer.

Si tu veus que ta femme et tes enfans vivent à jamais, tu es fol, car tu veus que ce qui n'est pas en ta puissance, y soit, et que l'autruy soit tien. De mesme si tu veus que ton fils ne peche jamais, tu es un fad, car tu ne veus que la mauvaiseté soit mauvaiseté, mais quelque autre chose. Mais si tu ne veus point faillir à ce à quoy ton appetit te convie, tu peus bien cela : pratique donc ce que tu peus. Celuy là est seigneur de chasque chose qui a la puissance d'oster ou donner ce qu'il lui plaist, soit qu'on le vueille maintenir, soit qu'on le vueille perdre. Celuy donc qui veut estre libre ne doit rien vouloir ne fuir de ce qui est à autruy, autrement il est necessaire qu'il soit serf.

Chapitre XIII.
La preuve du precedent par un exemple.

Apren qu'il te faut gouverner comme l'on fait en un banquet, auquel si quelque viande est mise pres de toy, estens modestement la main pour en prendre. Si la viande passe, ne la retien pas. Si elle n'est pas parvenue jusques à toy, n'estens pas ta gourmandise si loing, mais ayes patience qu'elle soit plus pres. Use de cette mesme façon vers tes enfans, vers ta femme, vers les estats, vers les richesses, et tu te rendras digne quelque fois de la table des Dieus. Mais si tu estois si sobre que de ne prendre point cela mesme qui te seroit presenté, et le mespriser, en ce cas tu ne seras pas seulement compagnon de la table des Dieus, mais de leur Empire. Et pour cette mesme raison Diogene et Heraclite et leurs semblables estoient vraiement divins, et tenus pour tels.

Chapitre XIV.
Ce ne sont pas les infortunes qui tourmentent, mais les opinions comme au chapitre V.

Quand tu verras quelcun plorer et se douloir pour l'absence de son fils, ou pource qu'il aura despendu tout son bien, pren garde qu'une fantazie ne te transporte pour juger qu'il soit miserable, veu que c'est pour les choses qui sont hors de luy, mais resouls toy promptement que ce n'est pas la fortune qui le tourmente, mais c'est l'opinion qu'il en a. Tu ne dois pourtant laisser de communiquer avec luy de parolle seulement, et si besoing est gemir avecques luy, mais garde toi bien de gemir en cueur.

Chapitre XV.

De verser fidelement en sa vocation.

Te souvienne que tu es joueur d'une farce telle qu'il plaist au maistre, courte s'il veut, et longue s'il veut qu'elle soit telle. S'il veut que tu joues le role d'un mendiant, si celui d'un boiteus, d'un Prince, ou d'une personne privée, fai le dextrement. Car c'est à toy à bien jouer ton personnage, et c'est à un autre à distribuer les roles.

Chapitre XVI.

De mespriser la perte des choses externes.

Si un corbeau a sinistrement crié, ne te laisses transporter à l'imagination, mais pren resolution à part toy, et dis : Ce cry ne me peut rien signifier, mais peust estre sert de mauvais presage à mon pauvre corps, ou à ma meigre reputation, ou à mes petits biens, ou à mes enfans, ou à ma femme. Car quand à moy, toutes choses me sont de bon augure, et quelque chose qui puisse survenir, il est en ma puissance d'en tirer proffit.

Chapitre XVII.

De n'entreprendre rien outre ses forces.

Tu peus estre invincible, si tu n'entres en aucune lice
pour combattre dont il ne soit en ta puissance de raporter
la victoire. Gardé toi de te laisser si fort transporter à tes
passions, que de reputer heureus celuy que tu verras
excellent en honneur ou en credit. Car si la substance du
bien est es choses qui sont en nous, ni l'envie, ni la
jalouzie y peuvent prendre place : Tu ne veus estre chef
d'armée, ni tresorier, ni consul, mais libre. Et le mespris
des choses qui ne sont en nostre arbitre est le seul moien
pour aquerir liberté.

Chapitre XVIII.

L'on ne peut estre outragé, si on ne le pense estre.

Te souvienne aussi que celui qui injurie ou frape ne
fait pas outrage, mais l'opinion que tu as conceuë de
cestuy-là comme outrageant. Quand doncques quelcun
t'irrite, saches que tu es irrité par l'opinion que tu as de
l'estre. Pour cela, il faut dés le commancement s'efforcer
de n'estre empoigné par les imaginations. Car si tu les
peus par quelque temps tenir en bride, plus facilement te
vaincras tu toymesme.

Chapitre XIX.

La meditation des choses tristes sert beaucoup.

Mets toy journellement devant les yeux la mort,
le bannissement et toutes les choses qui semblent

espouvantables, et surtout la mort, car tu ne penseras à rien de bas, et ne t'affectionneras trop à chose quelconque.

Chapitre XX.

Les Philosophes sont mesprisés.

Si tu es studieus de la Philosophie, appareille toy quand et quand d'estre moqué, et d'estre blasmé de plusieurs qui demanderont : D'où nous vient tout à coup ce nouveau Philosophe, et d'où nous vient ce grave soucy? Or quand à toy, n'ayes point de soucy, mais attache toy aus choses qui te semblent les meilleures, comme si Dieu t'avoit posé en cet esquadron, et pense que te fermant là, ceus qui se seront premierement moqués de toy, t'admireront apres. Mais si tu tournes le dos à leur babil, tu encourras double risée.

Chapitre XXI.

Comme il faut que le Philosophe se maintienne.

S'il t'est quelque fois avenu de t'estre tourné aus choses externes pour plaire à quelcun, saches que tu as perdu ton ranc. Qu'il te suffise donc pour tout que tu es Philosophe. Si tu veus aussi sembler tel, que ce soit à toi mesmes, et il suffira.

Chapitre XXII.

Que l'on ne doit desirer les honneurs, ni les grandeurs, pour quelque bonne fin que ce soit.

Que ces considerations ne t'affligent : Je vivray sans honneur, et ne seray rien estimé en lieu du monde. Car si n'avoir point d'honneur est mal, comme ce l'est, tu ne peus estre malheureus pour l'amour d'un autre, non plus que deshoneste. Quoy! est il en toy de jouïr d'un Magistrat, ou d'estre convié aus banquets? Rien moins. Est ce donc cela n'avoir point d'honneur? Comment dis tu donc que tu ne seras rien prisé, et ne seras occupé en chose du monde, veu qu'il te faut estre seulement es choses qui sont en toy, et esquelles tu peus estre plus dignement qu'ailleurs partout? Mais quoy? je ne serviray de rien à mes amys, dis tu. Que m'appelles tu ne servir de rien? Ils n'auront point d'argent de toy et tu ne les feras pas citoiens Romains. Qui est ce donc qui t'a dict que ces actions sont en nostre puissance, et qu'elles ne sont estrangeres? Et qui est ce qui peut donner à autruy ce qu'il n'a pas? Soiés riche, disent ils, afin que nous en ressentions. Monstres moy le chemin comment je le peus estre gardant ma modestie, et ma foy, et ma magnanimité, et j'en seray bien content. Mais il est ainsi que vous trouvés bon que je perde les biens qui me sont propres, pour me faire acquerir des biens qui ne sont vraiement biens, regardés que vous estes mal equitables et ingrats. Venés ça, aymés vous pas mieus un amy loyal et modeste que de l'argent? Secourés moy donc en cela, et ne veillés point que je face les choses pour lesquelles je perdray ces vertus. Mais quoy? disent ils, la patrie demourra sans secours au moins de ma part? Quel secours me dites vous, est ce qu'elle n'aura point de porches ou d'estuves? Car elle n'a pas des souliers des armuriers, ni des armes du cordonnier. Mais il suffit si un chacun fait son mestier. Et que seroit ce si tu lui baillois quelque autre citoien fidele et modeste, ne seroit ce pas luy servir? Il n'y a point de doute. Ainsy ne luy seras tu pas inutile. Quel ranc tiendray je donc en la ville? Celuy que tu pourras te maintenant loial et honeste. Mais si luy voulant apporter quelque utilité tu perdois ces vertus, que luy vaudras tu, estant devenu infidele et eshonté?

CHAPITRE XXIII.

Que ceus qui cerchent l'honneur, perdent leur liberté.

Si quelcun a esté appellé au banquet, ou embrassé et salüé, ou reçeu au conseil, et tu as esté laissé derriere. Et si ces choses sont bonnes, tu te dois resjouïr dequoy cet autre les a obtenues. Si elles sont mauvaises, tu ne dois estre marry dequoy elles ne te sont avenues. Mais te souvienne cependant que tu ne peus aquerir pareil avantage que les autres, si tu ne fais les choses pour lesquelles on peut aquerir ce qui est hors de nous. Comment doncqués peut l'on estre traité aussi favorablement que ceus qui hantent ordinairement la porte de quelcun, si on ne la hante point, ou comme ceus qui conduisent et accompagnent ne faisaht pas le mesme, ou comme ceus qui vantent et flatent les riches, ne faisant pas comme eus? Tu es certainement insatiable et deraisonnable si tu veus avoir ces honneurs pour neant, et sans avoir offert le pris qu'ils coustent aus autres. Mais combien s'achetent les laitues? Sept deniers, prenons le cas qu'elles valent autant. Si donc quelcun baillant sept deniers, reçoit des laitues, et toy qui ne bailles rien, ne reçois rien aussi, ne pense avoir moins que celuy qui en a prins. Car comme il a des laitues, aussi n'as tu point baillé ton argent. Ce fait porte tout ainsi. N'es tu point convié au banquet de

quelcun, tu n'as point aussi donné ce pourquoy le souper
se vend : le maistre le vend pour recevoir louange et
service. Baille donc ce qu'il couste, si c'est ton profit d'en
estre. Mais si tu veus recevoir la marchandise sans donner
le pris, tu es encore un coup insatiable et fort lourd. Et
quoy? n'as-tu rien en recompense du souper? Tu as cet
avantage que tu n'as point flaté celuy que tu ne veus
point flater, et n'as point enduré les insolences qui se font
à sa porte.

CHAPITRE XXIV.

Il faut prendre mesme opinion de nos affaires que nous faisons
de celles d'autruy.

La volonté reglée à la nature se peut estimer et considerer es choses dont nous ne nous ennuions point.
Comme quand le valet de ton voysin a rompu un verre,
tu dis promptement que cela arrive souvent. Saches donc
qu'il faut que tu te portes, quand on casse le tien, comme
quand on brise celuy d'autruy. Passe aus plus grandes
choses. Le fils d'un autre meurt ou sa femme, il n'y a
personne qui ne die cela estre du naturel de l'homme.
Mais quand on a perdu son propre fils on s'escrie soudain :
O que je suis miserable! Or il se faloit resouvenir comment nous nous estions portés ayans entendu un pareil
accident avenu à d'autres.

CHAPITRE XXV.

Qu'il ne faut rien entreprendre, sans penser à la consequence.

Comme on ne met pas un blanc contre une bute pour
n'y viser ou fraper point, ainsi la nature du mal ne se

fait pas au monde. Si quelcun donnoit ton corps à qui le demanderoit, tu le porterois impatiemment, et n'as point de honte de donner ton ame au premier venu, de sorte qu'elle demeure troublée et confuse s'il t'injurie. Pour cela en quelque entreprise que tu faces considere ce qui va devant et ce qui suit. Puis commance hardiment. Si tu ne fais ainsi, tu te jetteras legerement en besoigne sans avoir pensé à la consequence. Mais quand il se descouvrira quelque chose deshoneste et infame, tu mourras de honte.

Chapitre XXVI.

Les honneurs de ce monde coustent bien cher, et s'acquerent au prix de la liberté.

Veus tu avoir la victoire des combats olympiens? En ma conscience aussi voudroy je bien. Car c'est une belle chose. Mais considere ce qui va devant, et ce qui suit, et cela fait commance ton œuvre. Il se faut bien composer, il faut user de viandes necessaires, s'abstenir d'ouvrages de four, s'exercer contraintement et à l'heure ordonnée, au chaud, et au froid, ne boire point d'eau froide, ni de vin, si besoin est. Et somme, s'abandonner au maistre, comme l'on feroit au medecin, et ainsi descendre en lice. Outre il faut endurer d'estre quelquefois blecé aus mains, de se desnouer un pied, avaler force poussiere, et telles fois d'estre bien fouaillé, et au bout avoir du pire, et rester vaincu. Tout cela bien examiné, si tu veus presente toy au combat. Si tu ne le fais, tu sembleras aus enfans, qui maintenant s'adonnent à la lutte, tantost à l'art gladiatoire, tantost à la trompette, ores à jouer des tragedies. Ainsi tu seras quelquefois athlete, quelquefois escrimeur, tantost harengueur, et tantost philosophe. Mais en tout ton esprit tu ne seras pourtant rien, fors un vray singe, imitant tout ce que tu verras, et approuvant ores une chose, ores l'autre, et changeras plus souvent d'opinion que de chemise. La raison est que tu n'as pas fait ton entreprise avec consideration ni inquisition, mais temerairement, et d'une fort legere convoitise. Tels hommes sont ceus là qui ayans veu un Philosophe, ou oyans que Socrate triomphe de bien dire (et qui est-ce qui saurait parler comme luy?), veulent tout incontinent philosopher.

Chapitre XXVII.

De n'entreprendre rien par dessus sa portée, et d'estre constant en sa vocation.

O homme, considere premierement quelle est la chose, puis examine ta complexion, si tu peus porter la peine. Veus tu estre luiteur ou Pentathle, regarde tes bras, tes cuisses, et tes reins. Car quelques choses sont naturellement propres à quelques uns. Penses tu que voulant estudier à cela, tu puisses manger de mesme que font ceus qui sont de cet art, boire de mesme, travailler de mesme, et vivre avec autant de malcontentement? Il faut veiller, il faut travailler, se retirer de ses biens, estre mesprisé des enfans, et avoir moins d'avantage en toutes choses que les autres, en l'honneur, aus Estats, en justice, et en tout affaire. Cela te di je, considere bien, et si tu veus perdre pour cela le repos et tranquilité de ton esprit, et ta liberté? Si tu ne veus faire cet eschange, outre tous ces maux là, tu ressembleras aus enfans, et seras tantost philosophe, tantost peager, et puis orateur, ou maistre d'hostel de

Cæsar. Tout cela ne s'accorde gueres. Il faut que tu sois un seul homme ou bon ou mauvais : et faut que tu te commandes pour t'ordonner du tout aus choses interieures, ou t'abandonner à celles de dehors, c'est à dire, il faut que tu tienes le ranc des philosophes ou du vulgaire.

Chapitre XXVIII.

Qu'il faut se maintenir vers un chacun selon sa qualité.

Les devoirs se mesurent communement par les qualités. As tu affaire à ton pere, il t'est commandé de prendre soing de luy, et luy ceder en toutes choses, et endurer qu'il t'injurie, ou qu'il te frape. Mais c'est un mauvais pere. Cela n'y fait rien : car nature ne t'a pas par exprés attaché à un bon pere, mais à un pere. Mais mon frere m'est outrageus. Garde ton ranc en son endroit, et ne regarde pas à ce qu'il fait, mais comme se doit porter ta resolution te conformant à la nature. Car personne ne te peut outrager si tu veus : mais tu seras lors outragé quand tu auras opinion de l'estre. Ainsi te prenant depuis ton voysin, jusques au bourgeois, et jusques au chef d'armée, tu entendras ton devoir si tu t'accoustumes à bien considerer les qualités.

Chapitre XXIX.

Comment il faut que l'homme de bien se porte au service
de Dieu, et en sa religion.

Quand à la reverence qu'on doit à Dieu, saches que le principal est d'avoir tresbonne opinion de luy, comme qu'il gouverne et administre toutes choses tresbien et tres-egalement. Au reste crois le perfaitement, et luy obeis, et cede à tout ce qu'il fait, et le suis volontiers, comme estant ordonné d'un tresexcellent conseil. Si tu fais cela, tu ne te plaindras jamais de Dieu comme estant mesprisé. Autrement il n'est pas possible que tu faces ainsi, si tu ne te retires de ce qui est hors de nous, et si tu ne mets le bien et le mal aus choses qui sont en nostre puissance seulement. Mais si tu penses quelcune des choses externes estre bonne ou mauvaise, il ne se peut faire qu'estant frustré de ce que tu auras pourchassé, ou estant tombé en ce que tu fuis, tu ne t'en prenes à celuy qui est aucteur de tout. Car tous les animaux ont ce naturel, qu'ils fuyent et se gardent des choses qui leur semblent nuysibles et de leurs causes aussi, et au contraire ils admirent et pourchassent les profitables et leurs causes. Il est donc impossible que celuy qui pense estre blecé se rejouisse pour ce dequoy il cuide recevoir la bleceure, veu que le mal qu'il en reçoit luy deplaist. Qui fait que le fils injurie son pere quand il ne luy distribue ce qui luy semble bon? Et cecy a rendu Polynice et Eteocle ennemys mortels, qu'ils ont tous deus jugé qu'il estoit bon de regner. Pour cela le laboureur accuse les Dieus, pour cela le marinier, pour cela le marchant, pour cela mesmes ceus qui ont perdu leurs femmes ou enfans. Car là ou est l'utilité, là est la piété. Parquoy celuy qui a soing de desirer et fuir par raison, au temps qu'il fait ainsi peut estre religieus. Et au demeurant il faut que chacun face son service, offrande et sacrifice selon sa religion purement, soigneusement, et sans affeterie, et outre ni trop escharcement ni prodigalement et outre sa portée.

Chapitre XXX.

Le sage n'a que faire des devins, et comment il en faut user.

Quand tu t'adroisses aus Astrologues, te souvienne
que tu ignores l'avenir. Toutefois, si tu es philosophe, tu
le pouvois savoir dés que tu es parti pour aller à eus.
Car si c'est des choses qui sont hors de nous, il faut par
necessité qu'il ne soit ni bon ni mauvais. Va donc chés
le devin, vide d'affection desireuse, et de crainte : autrement tu trembleras en t'approchant de luy. Mais si tu te
resouls que tout ce qui adviendra est indifferent et qu'il
ne te touche en rien, tu en pourras ainsi user commodement et sans empeschement quelconque. Va donques
hardiement aus Dieus comme conseillers, mais aiant
receu le conseil, aies souvenance quels conseillers tu as
employé, et à qui s'adroissera la desobeissance que tu
pourras faire. Or il faut s'adresser au devin, suivant l'avis
de Socrate, pour les choses desquelles la consideration se
doit raporter à l'evenement : et quand on ne peut prevoir
ce qui s'offre par aucun moien, ni par raison, ni par arti-
fice. Parquoy quand il te faudra hazarder pour ton amy
ou pour ta patrie, ne vas point au devin puisqu'il te faut
hazarder. Car si le devin te dit que les entrailles des bestes
sont de mauvais présage, il est tout clair que la mort t'est
signifiée, ou l'estropiement d'une cuysse, ou l'exil. Mais
la raison te rassurera qu'il se faut mettre en danger pour
son amy ou pour son païs. Sois donques adonné, plus
qu'aus autres, au tresgrand devin Apollon, qui jetta hors
du temple celuy qui n'avoit secouru son amy lors qu'il
avoit esté tué.

Chapitre XXXI.

La taciturnité est une bien grande vertu.

Ordonne toy une forme et regle que tu devras garder tant à part toy, que quand tu converseras parmi les hommes. Tai toy la pluspart du temps, ou dy choses necessaires, et en peu de mots et peu souvent. Et generalement di quelque chose quand l'occasion t'y convie, mais non pas à toute heure et de tout ce qui s'offre comme des escrimeurs à outrance, ni de la course des chevaus, ni des Athletes, ni des viandes, ni du breuvage. Et surtout ne parle point des hommes pour les blasmer, ou les louer, ou en faire comparaison.

Chapitre XXXII.

S'il t'est donc possible, et si tu es avec tes familiers, change le propos en un plus convenable. Si tu es parmi des estrangers, ne di rien du tout.

Chapitre XXXIII.

Que ton ris ne soit frequent, ni à tout propos, ni dissolu et excessif.

Chapitre XXXIV.

Fui le jurement en tout et partout s'il t'est possible; sinon, jure pour choses veritables.

Chapitre XXXV.
De fuir les mauvaises compagnées.

Ne te trouve point aus banquets de l'estranger, ni du vulgaire. Si quelque fois l'occasion t'y convie, ferme toy et te tiens serré pour ne te formaliser à la façon du peuple. Car il faut que tu entendes que quand nostre compaignon est souillé et corrompu, il est impossible que nous ne nous en ressentions, conversans avecque luy, voire mesme quand nous serions sains et nets.

Chapitre XXXVI.

Use pour ta personne sobrement de ce qu'il luy faut, comme de vivres, de breuvage, d'accoustremens, de maison, de famille et serviteurs. Mais retranche tout ce qui peut tenir de la magnificence ou des delices.

Chapitre XXXVII.
De la compagnée des femmes et du mariage.

Il se faut contenir chastement, et fuir le plus qu'on pourra la compagnée des femmes jusques à ce qu'on soit marié. Et quand on se veut lier, il s'y faut prendre legitimement et en lien permis. Ne sois pourtant aigre ni importun à ceus qui usent des femmes avant le mariage, et ne leur reproche à tout propos que tu es chaste.

Chapitre XXXVIII.
De la patience.

Si on te raporte que quelcun parle mal de toy, ne te mets pas à te purger de ce qu'il en dit, mais fai cette response : Le causeur ne sçait pas tout ce que j'ay de pis, autrement il n'en diroit pas si peu.

Chapitre XXXIX.

Des jeus et spectacles publiques.

Il n'est beaucoup necessaire de se trouver souvent aus spectacles publiques. Mais si tu y vas quelquefois par occasion ne pren soing de personne du monde que de toymesmes. C'est à dire, veilles que ce qui s'y fait, s'y face seulement, et que celuy qui doit vaincre soit victorieus. Ainsi ne seras tu point troublé. Au reste garde toy de t'escrier aucunement, ou de souzrire à quelcun, ou de t'esmouvoir beaucoup. Et quand tu te seras retiré, ne t'amuses gueres à disputer de ce qui y est arrivé, mesmement de ce qui ne te peut profiter ni instruire. Car tu ferois cognoistre que tu aurois eu le spectacle en admiration.

Chapitre XL.

Ne te trouve pas legerement avec ceus qui prononcent leurs harangues. Si tu y vas quelque fois, maintien ta gravité et constance, de sorte que tu n'ennuies personne.

Chapitre XLI.

Comme il se faut maintenir avec les grands.

Quand tu te dois trouver avecque les grands, propose toy comment s'y fust gouverné Socrate ou Zenon, et tu seras resolu comment tu t'y dois porter avec civilité.

Chapitre XLII.

Quand tu vas chés quelcun de ceus qui ont grande puissance et auctorité, propose toy que ou tu ne le trouveras pas à la maison, ou que tu attendras dehors et l'on te fera visage de bois, ou qu'il ne fera compte de toy. Et si avec cela il faut que tu parles à luy, pren en patience tout ce qui t'arrivera, et ne di à part toy que la chose ne valoit la peine d'en tant endurer. Car ce seroit suivre la façon du vulgaire, et se transporter aus choses externes.

Chapitre XLIII.

La venterie est odieuse, et les propos deshonestes se doivent eviter.

Ne ramentoi souvent, et trop importunement en compagnée telles belles œuvres ou les dangers où tu t'es trouué. Car il n'est pas aggreable à tout le monde d'escouter ce qui t'est avenu, comme à toy de te ressouvenir des hazards dont tu es sorti. Garde toy aussi d'engendrer risée. Car c'est une façon qui te feroit aisement couler aus mœurs du vulgaire, et qui feroit aussi facilement quiter le respect que te portoit la compagnée. Il est bien dangereus aussi de se ruer en propos vilains et deshonestes : et si cela arrivoit quelquefois, il faut que tu tances asprement celuy qui s'est si fort avancé, si cela se peut faire commodement. Sinon, monstre pour le moins qu'il te desplaist par une taciturnité et changement de couleur, voire par une contenance severe et sourcilleuse.

Chapitre XLIV.

Le moien de se retirer des voluptés.

S'il te prend quelque imagination de volupté, contre
garde toy comme aus autres choses, pour ne te laisser
empoigner. Mais emprains la chose en ton entendement,
et prens terme de toy mesme. Outre te souvienne des
deus saisons, de celle durant laquelle tu jouiras, et de celle
qui t'aportera un repentir apres la jouissance, et alors tu
te tanceras toy mesme. Et oppose à ce plaisir le moien par
lequel t'estant contenu tu te pourras resjouir et prendre
louange. Mais si tu es si pressé par l'occasion que tu sois
sur le point de commancer l'œuvre, garde toy que la
douceur atraïante et le chatouilleus allechement ne te sur-
monte. Et oppose à cela le secret contentement que tu
auras en ta conscience ayant obtenu une telle victoire.

Chapitre XLV.

De ne craindre le jugement des hommes en bien faisant.

Quand tu auras prins resolution de faire quelque chose,
et seras desja en besoigne, ne crain point d'estre veu,
encores que ceus qui te verront en puissent concevoir
diverses opinions. Car si tu fais mal, il ne le faut point
du tout faire : mais si tu fais bien, que crains tu ceus qui
ne te peuvent qu'injustement reprendre ?

Chapitre XLVI.

Comme cette proposition disjonctive, ou il est jour, ou
nuit, ha grand poix en façon disjonctive, et grand indi-

gnité et impropriété en contraire façon. Ainsi est-il indigne de ne garder en un banquet la communion requise. Si donc tu prens quelquefois ton repas avec un autre, garde toy de te prendre seulement à la dignité que peuvent avoir les vivres en l'endroit de ton corps, mais uses en pour le respect de ton esprit comme tu dois.

CHAPITRE XLVII.

Si tu prens un rôle à jouer par dessus tes forces et t'en aquittes deshonestement, tu as mis en arriere quelque chose de cela mesme que tu pouvois faire.

CHAPITRE XLVIII.

Comme tu te donnes garde en marchant de rencontrer un clou, ou de te tortre le pied, regarde aussi soigneusement que tu ne bleces ce qui commande en toy. Et si nous suivons cette regle en toute œuvre, nous entreprendrons en plus grande asseurance.

CHAPITRE XLIX.

Le traitement du corps.

Le corps doit servir à chacun de mesure en la portée de ses biens, comme le pied au soulier. Si tu te contiens en ces bornes tu garderas la mediocrité. Si tu passes outre tu te lanceras bon gré maugré comme en un precipice. Comme au soulier si on excede la qualité du pied, on fera un soulier doré, puis de pourpre, et à la fin en broderie. La raison est qu'il n'y a jamais de fin ni de borne depuis qu'on a une fois excedé la mesure.

Chapitre L.

Les femmes sont appellées par les hommes maistresses depuis qu'elles ont quatorze ans. Parquoy conoissans qu'elles n'ont aucun autre moien de les gagner que par le plaisir qu'elles leur donnent de leur compagnie et coucher, elles commancent à se parer et atifer : et fondent le plus de leur mieus en cet ornement. Mais il sera bon de leur faire sentir que tandis qu'elles seront modestes, honteuses et sobres, on les honorera, et non autrement.

Chapitre LI.

C'est argument d'un lasche naturel, de s'amuser trop au traitement du corps, comme de s'exercer trop, manger trop, boire trop, estre trop souvent à la garde-robe, et coucher trop souvent avec les femmes. Mais il faut faire ces choses comme en passant. Car il faut employer tout le soing et diligence au traitement de l'ame.

Chapitre LII.

L'homme de bien ne peut estre outragé.

Quand quelcun t'outrage de fait ou de parolle, pense qu'il le fait ou dit cuydant faire son devoir. Et n'est pas possible qu'il se formalise en cela à ton opinion, mais à la siene. Que si son opinion est mauvaise, il s'outrage soymesme en ce qu'il s'abuse. Car la verité enveloppée et couverte estant prinse pour mensonge n'est pourtant blecée, mais le sot qui s'y trompe. Parquoy encores que tu sois emeu pour ce qu'on dit de toy, tu te porteras gracieusement vers l'injurieus. Et respondras à chaque injure qu'il te dira, que ce qu'il dit luy semble estre vray.

CHAPITRE LIII.

Comment l'on ne peut estre outragé par son proche parent.

Toute chose a deus occasions, l'une par laquelle elle peut estre soufferte et endurée, l'autre par laquelle elle est importable. Si quelcun ha un frere injurieus, il ne le faut prendre ni considerer de cette part, car cette occasion ne se peut souffrir. Mais il le faut prendre d'un autre costé pour considerer qu'il est nostre frere et que nous avons esté nourris ensemble. Et ainsi nous le jugerons estre supportable.

CHAPITRE LIV.

Cette consequence est fort mauvaise. Je suis plus riche que vous. Je suis donc plus homme de bien, je suis plus savant, je suis donc meilleur. Mais cecy est plus à propos. Je suis plus riche que vous, mon bien vaut donc plus que le vostre. Je suis plus eloquent, mon langage est donc meilleur. Mais quant à toy, tu n'es ni les biens, ni le langage.

CHAPITRE LV.

De ne juger personne legerement.

Quelcun se baigne il trop hastivement, ne di pas qu'il le fait mal, mais qu'il est hâtif. Quelcun boit il beaucoup, ne di pas qu'il fait mal, mais qu'il boit beaucoup. Car comment sçais tu qu'on fait mal devant que savoir l'intention ? Ainsi adviendra il que nous recevions les imagiñatives apprehensions des autres, et que nous ne discordions de leurs opinions.

Chapitre LVI.

Il ne se faut amuser à bien dire, mais à bien faire.

Ne di pas partout que tu es philosophe, et ne dispute beaucoup des preceptes et regles parmi le vulgaire, mais pratique plus tost. Pour exemple, ne di pas en un banquet comme il faut manger, mais mange comme il faut, et te souvienne qu'ainsi de toutes parts Socrate s'estoit dépouillé de l'ostentation. Il venoit des philosophes vers luy qui vouloient estre en sa compagnie pour curiosité qu'ils avoient de l'ouir et deviser. Mais il les repoussoit. Et ainsi faloit il qu'il endurast estre mesprisé. Si donc il se met en avant quelque propos des preceptes, tay toy le plus souvent. Car il y auroit grand danger que tu ne vomisses sur le champ ce que tu n'aurois encore bien digeré. Et si quelcun te dit que tu ne sçais rien, si tu te sens piqué, pense que tu commances à philosopher. Fay comme les brebis qui ne monstrent pas au pasteur combien elles ont mangé d'herbes en les vomissant. Mais quand elles ont digeré la pasture elles lui rendent force lait et laine. Ainsi ne fait pas monstre parmi les rustiques des regles de philosophie, mais monstre les effaits des preceptes bien digerés.

Chapitre LVII.

Contre les hypocrites. — De ne vouloir estre estimé sobre.

Si tu as le corps attenué d'abstinence, ne te flate pas toymesme pour cela, et si tu ne bois que de l'eau, ne di pas à tout propos, je ne boi que de l'eau : et si tu te veus exercer au travail, fai le en ton particulier et non pour estre veu des hommes. Ne va point embrasser les statues. Mais quand tu auras fort grand soif, avale un peu d'eau froide, et crache, et ne le di à personne.

Chapitre LVIII.

La coustume et façon de l'ignorant est, de n'atendre jamais de soy l'utilité ou la nuisance, ains des choses externes, mais le deportement et la coustume ordinaire du sage est de mettre en soy mesme le profit et le dommage.

Chapitre LIX.

A quoy chacun peut cognoistre s'il devient vertueus, ou non.

Voicy les tesmoignages de celuy qui proffite, il ne vitupere personne, il ne loüe personne, il ne blasme aucun, il ne dit rien de soy mesme pour le faire croire estre abile homme, ou savant. Lors qu'il reçoit empeschement oü deffense, il s'en prend à soy mesme, et si quelcun le loüe, il s'en rit en cœur, et si on le blasme, il n'en fait point d'excuse. Mais il se maintient comme celuy qui ne fait que sortir de maladie, craignant de remuer ce qui est déjà commencé à s'affermir, premier qu'avoir acquis une bien solide et asseurée santé. Outre il s'est despouillé de tout affectionné desir, il ne craint oü fuit les choses qui sont de nature contraire à ce qui est en nostre puissance. Son pourchas n'est violent, il ne luy chaut si on le tient pour un sot, ou un ignorant, et pour le faire court, il se garde de soymesme comme d'un ennemy ou un espion.

Chapitre LX.

Il ne se faut amuser à louer les choses vertueuses, mais les executer.

Quand quelcun fait du bragard pour bien entendre et savoir esclarcir les livres de Chrysippe, di à par toy : Si Chrysippe n'eust escript oscurement, cetuicy n'auroit dequoy se glorifier. Et que veus je? Je veus aprendre la nature et la suyvre. Je demande donc qui est cet interprete, et cet auditeur de Chrysippe? Je m'en vai à luy. Je cherche donc ce glosateur, et jusques là je n'ay dequoy m'enorgueillir, et l'ayant rencontré il n'est plus question que d'enseignemens, de regles et ordonnances. Et tout cela est beau et gentil, mais si je ne m'amuse qu'à amirer la declaration que deviendray je autre chose que grammarien, au lieu que j'estoy philosophe. Je ne suis donc rien que grammarien, sinon qu'au lieu de commenter Homere, je le fai sur Chrysippe. Mais je doi bien faire autrement, car si quelcun me dit : li nous Chrysippe, je doi rougir de honte si mes œuvres ne respondent et se conforment à ses sentences. Somme veus tu bien faire, voy ce qu'il te propose et t'y arreste et ferme ainsi qu'à des loix inviolables, comme si devois faillir contre la pieté faisant le contraire. Et au reste ne te chaille de ce que l'on en pourra dire, car cela ne te touche point.

Chapitre LXI.

La suite du propos precedent.

Jusques à quand attens tu à te rendre digne des meilleures choses : et à n'exceder en rien les bornes de la vertu? Tu as receu les preceptes et enseignemens comme tu te dois composer, et t'es composé. Quel precepteur donques attens qui te rabille et censure! Tu n'es plus enfant, mais homme perfait. Si tu es à ceste heure non-chalant et paresseus, et eloignes tousjours d'un demain à l'autre, bornant le temps de ton apprentissage, tu seras tout estonné que tu n'auras en rien avancé, mais de-mourras sot et beste tout le temps de ta vie, et mourras encor' tel. Maintenant donc mets peine de vivre comme perfait et profitant tous les jours, et tien pour loy invio-lable tout ce qui te semblera estre juste et bon. Et en quelconque chose qui se presente penible ou gratieuse, honorable ou deshonneste, te souvienne que nous sommes au combat, et que les jeus Olympiens sont presens, et qu'il ne faut plus de delay ou remise. Et si nous refusons quelque-fois la lice, et perdons la bataille, nous mainte-nons ou perdons nostre avancement. En ceste façon Socrate fut consommé se presentant à toute occurrence, et ne s'arrestant à rien du monde qu'à la raison. Quand à toy, si tu n'es encore Socrate tu dois pourtant vivre comme desirant estre Socrate.

Chapitre LXII.

Le principal et necessaire lieu de la philosophie est l'usage des regles et enseignemens, comme cestuicy, de ne mentir point. Le second, des demonstrations, comme qu'il ne faut point mentir. Le troisiesme est celuy qui tend à confirmer et prouver les preceptes. La demonstration est savoir et faire entendre la consequence, et la contrarieté de la verité et du mensonge. Parquoy le troisieme lieu est necessaire pour le second, le second pour le premier, mais le premier est le plus necessaire et sur lequel il se faut le plus fermer. Si faisons nous tout autrement. Car nous nous arrestons sur le troisiesme, et y employons nostre meilleure estude, mais nous mesprisons fort et ferme le premier, ainsi mentons nous bien souvent, mais nous avons cependant en la bouche les preuves et demonstrations de ce precepte et commandement, qu'il ne faut point mentir.

Chapitre LXIII.

Trois notables sentences que l'homme magnanime doit tousjours avoir devant les yeus.

Il faut avoir en la bouche ces sentences.

Guide moy, Jupiter, et toy ma destinée,
Selon que vous avés ma vie terminée.
Je suivray volontiers, car si je ne le veus
Je me feray raitif trainer par les cheveus.

Celuy est sage et sçait la volonté divine
A la necessité qui bien prompt s'achemine.

Et pour la troisiesme : O Criton, si ces choses agréent aus Dieus, qu'elles se facent. Anyte et Melite me peuvent oster la vie, mais non pas ma reputation.

FIN DE LA DOCTRINE D'EPICTETE

TRADUITTE PAR ANDRÉ RIVAUDEAU

LES

OBSERVATIONS D'ANDRÉ RIVAUDEAU

SUR

LA DOCTRINE D'ÉPICTÈTE

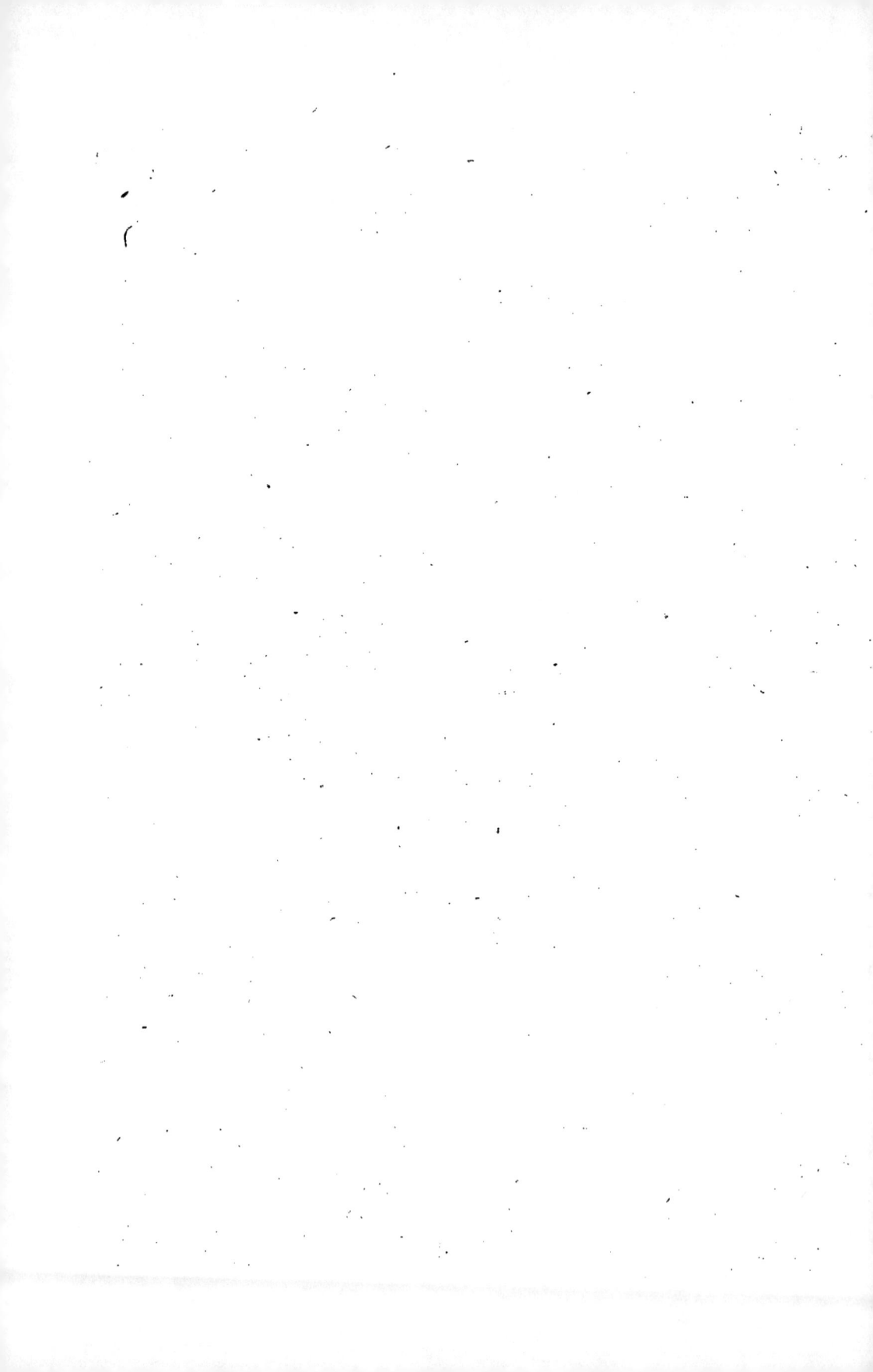

LES

OBSERVATIONS D'ANDRÉ RIVAUDEAU

GENTILHOMME DU BAS POICTOU

SUR LA DOCTRINE D'ÉPICTÈTE

A H. P. son bon Seigneur et amy

Reçoy donc, amy Honorat, ces observations : et me sois defenseur
contre les calomniateurs de ce siecle,
qui ne lisent les livres d'autruy que pour les mordre.

Ange Politian, personnage de son temps de tres bonnes
et tres grandes lettres, a traduit ce petit livre en latin,
mais il a perverti toute la disposition des chapitres en
racourcissant les uns et allongeant les autres : et a mis
sur chascun un titre presque aussi ample que le texte. Je
n'enten pas dequel conseil, fors que cela est trop entreprendre sur les bons aucteurs : et si ceste licence s'espen-
doit, nous verrions une horrible confusion aus meilleurs
livres.

CHAPITRE I.

Ce chapitre est comme le sommaire et abregé de toute
la doctrine du philosophe qui est apres en toute la suyte
esclarcie, amplifiée et prouvée par raisons, exemples et
temoignages.

Entre les choses humaines. Il semblera peut estre à quelcun de prime face que le mot grec τῶν ὄντων n'est gueres

bien rendu, mais y aiant bien pensé il sera satisfait. Ce qui est en la Nature des choses, est cotté par ce terme qui n'est nouveau à ceus qui ont leu les philosophes.

L'entreprise, ὁρμή, se tourne par les Latins *conatus*. Ciceron le rend *appetitus* et *appetitio* au 4. livre De fin. bon. et mal. C'est une affection violente qui est preste de passer en execution. Pour cela l'ay je traduit, entreprise.

L'affection, ὄρεξις, n'est pas si violente que le précédent vocable grec. Les Latins comme Ciceron le rendent *affectus* et *affectio*. Je l'ai tourné en quelques endroits desir, desir violent, pourchas, selon que j'ay veu que le propos s'adonnoit.

La fuyte. J'ay traduit ainsi ἔκκλισις, et quelquefois crainte et en autres sortes. Il est contraire aus precedens.

Car tu ne souffriras aucun outrage. Ange Politian a laissé cette clause, je ne sçay pourquoy. Car elle est bien à propos.

Pour un temps. Icy Politian ajoute outre ce qui est au texte grec. Et premierement prendre soing de toy mesme. Je ne say s'il l'a trouvé en un autre exemplaire, ou avancé du sien, qui seroit chose bien estrange.

CHAPITRE 2.

S'il t'est honeste. Ou il y a au grec καλλὸν ἄν οὐδέν, il faut changer ce dernier mot en ἤ. Car autrement tout se porterait mal.

Ainsi que par compte et mesure. J'ay suivi la version de Politian qui a tourné μεθ' ὑπεξαιρέσεως *cum supputatione*, pource que le grec emprunte quelque chose de la deduction et substraction qui s'employe aus comptes. Ce n'est pas pourtant ce qu'il signifie proprement, mais nous avons eu plus d'egard au sens qu'à la parolle.

CHAPITRE 3.

Ce troisiesme chapitre est court, mais il ne se peut rien dire de plus chrestien, fors qu'il faut tout rapporter à la volonté de Dieu, et non à nostre prudence, qui est bien maigre sans son moien.

CHAPITRE 4.

Cestuicy est pareillement fort considerable, mais où j'ay tourné ἀπορρικνοντας. *Ceus qui jettent de l'eau à leur compagnon* se doit traduire ainsi, car qu'est-ce que dit l'interprete, *irrorantium*. Car s'il se doit prendre ainsi simplement des ministres et des estuves qui versent l'eau, ce n'est pas incommodité comme ce qu'il dit apres, de ceus qui injurient ou derobent. Ou j'ay dit aussi *ceus qui s'entrepoussent* j'eusse peu traduire tempestatifs suivant le latin de l'interprete *inquietos*.

CHAPITRE 5.

A bon droit. Politian a laissé ἐυλόγως.

CHAPITRE 7.

A la coste. Je n'ay pas mis au port, comme a fait le traducteur, combien que le grec le porte, mais j'ay pensé que la similitude seroit imparfaite, si comparant un voyage au passage de cette vie, le philosophe parloit du port auquel il ne veut dire qu'on soit encores arrivé. Car avoir une femme ou des enfants, n'est non plus estre au port, et estre au bout du voyage de cette vie qu'amasser des coquilles, est la fin de la navigation.

Coquilles de mer. κοχλίδια, il est pour κοχλάδες, ou κόχλακες ou κάχληκες. Qui sont les coquilles vides des poissons qui ont pierre, comme huitres, mousles, lauignons et autres, ou plustost ces petites pierres et coquilles de diverses couleurs, que la mer roule au rivage et laisse sur le sable et que les curieus vont amassans. Ou qui voudra entendre de ces poissons armés qui se recueillent pour manger, il n'y aura grand inconvenient : l'interprete cependant n'a gueres finement traduit *cochleæ.* Je diray encores cecy que le mot usurpé par Epictete ne signifie proprement ce qu'il veut dire, combien qu'il semble venir de cette source, mais c'est un escalier ou vis. Il est pourtant pris icy pour ce que j'ay dit, et mis au diminutif, comme par mespris, ainsi que le mot suyvant que j'ay rendu.

Oignons sauvages. βολβάρια. *Bulbus* est un mot general pour les oignons, aus, eschalotes, sives, pourreaus et toutes plantes de cette espece qui en ont la forme et senteur. Voiés les medecins. J'ay ajousté sauvages, pource que l'herbe qui se peut trouver au rivage de cette sorte est telle, et s'appelle *Bulbus agrestis.* Quelques uns pensent que ce soit icy *Alga,* ou baimont.

L'interprete d'Aristide rend *bulbaria,* treuffles, *tuberes,* ὕδνα, mais tout cela n'est rien. Ce sont *squilles* de mer en ce lieu.

Desja vieilli. Il y a faute au grec, il faut raier en ὁ γέρων, ὁ article superflu par la raison des Grecs. Politian ajoute icy une clause. *Car ainsi comme ainsi celuy qui ne voudra suivre volontiers, y sera trainé par force.* Je ne l'ay trouvée au grec, vous me dirés qu'elle n'est impertinente. Mais quoy? elle n'est pas du jeu, et se treuve bien ailleurs en ce mesme livre au dernier chapitre. Je l'ay neantmoins laissée en ce lieu.

CHAPITRE 8.

Ne desire point. Cecy est conforme à la sentence du comique Terence, prononcée par un serf en l'Andrie. Puis que ce que tu veus ne se peut faire, il faut vouloir ce qui se peut faire.

CHAPITRE 9.

Comme s'il se présente une beauté d'homme ou de femme, les forces dont tu te dois defendre sont en la continence. J'ay interpreté cela à mon avis suivant le grec. Politian le rend ainsi, *Si malum habeas, vim bonam invenies, ut ad voluptates continentiam.* C'est à dire. Si tu as quelque mal tu te trouveras une bonne force, comme contre les voluptés, la continence. Ce n'est pas traduire cela. Il faudroit qu'il y eust grande difference en l'exemplaire qu'il trouva et le mien, qui me semble assés correct, combien qu'il soit imprimé il y a pres de trente ans.

CHAPITRE 10.

Ce discours est fort saint et digne du Chrestien, ou ceus qui portent leurs pertes, voire bien petites, si impatiemment qu'ils en deviennent fols, sont enseignés par un paien.

Mais te l'ay rendu. Cecy est conforme à la sentence de ce grand amy de Dieu Job, comme il est escript au 1. ch. de son livre. Dieu me l'a donné, Dieu me l'a osté. Il s'est fait comme il a pleu au Seigneur, le nom de Dieu soit beni. Et ne faut douter que cecy ne se raporte à la volonté de Dieu par l'opinion du philosophe. Car il dit apres : mais celuy qui me ravist le mien est meschant. Que te chaut-il par qui celuy qui te l'a donné le te redemande ? Ces ravisseurs et persecuteurs des justes sont bourreaus et comme fleaus et verges de Dieu, qui sont apres jettées au feu. Ce qui est gentilement discouru par Synese evesque de Ptolemaïde en ses Epistres que Suyde appelle merveilleuses. Là il nomme ces tyrans κακοποιοὺς δυνάμεις, c'est à dire puissances mauvaises et meffaisantes, dont j'ay parlé en ma Tragœdie Aman qui est au jour.

> *Les Roys sont verges de Dieu*
> *Et fleaus du peuple Hebrieu*
> *Qui n'excedent une onglée*
> *De leur puissance reglée.*
> *Et bien que mis en besoigne*
> *Par le vouloir du Seigneur,*
> *Leur cruauté les éloigne*
> *Et prive de sa faveur.*
> *Car Dieu se sert des meschans*
> *Au salut de ses enfants,*
> *Et souvent les plus coupables*
> *Sont tyrans des miserables.*

et ce qui est deschiffré là plus au long.

Je n'aurai pas dequoy. Cecy est conforme à la parolle

de. Christ. Ne soiés pas soigneus du lendemain, etc. Nous ajousterons trois mots d'Horace qui dit en ses *Odes,*

Quid sit futurum eras, fuge quærere.

Que toy malheureus. Politian a mis icy *infelicem dominari,* pour *esse,* je ne l'enten point.

Un peu d'huyle. Le traducteur n'a point eu d'egard icy aus diminutifs ἐλάδιον et οἰνάριον. Je ne sai pourquoy, car l'aucteur ne l'a mis sans cause. Le dernier se peut dire en un mot latin *villum,* l'autre se peut autrement rendre.

Que pour luy. Il y a faute au grec, et faut raier un μή qui gaste tout, et encores le reste ne sera pas trop bien. Je passe soubs silence comme l'interprete s'escrime icy et tronque et hache les chapitres d'Epictete et les coupe par darles, comme les poissons, ce que les Grecs disent τεμμαχίζειν.

CHAPITRE 11.

Estre estimé savant. Cecy est prins du commun dire de Socrate. Je say une chose seule, c'est que je ne say rien. Lucian dit qu'il ne disoit pas cela de bon cueur, mais c'est un moqueur.

CHAPITRE 12.

Ce chapitre est singulier et de grand fruit pour ceus qui le gousteront et pratiqueront bien. Ceus qui plorent et lamentent immoderement pour avoir perdu ce qu'il faut rendre doivent venir à cette eschole, et faut noter une fois pour toutes que cecy est une ample declaration

du premier chapitre qui est comme le fondement et proposition generale de tout le reste qui est apres particularisé.

CHAPITRE 13.

Si la viande passe. Le traducteur dit autrement. *Si transit
qui fert,* mais παρέρχεται ne se raporte pas là.

CHAPITRE 14.

L'absence de son fils. Politian ajouste icy, *aut obierit*
ou pour la mort, qui n'est au texte grec. Je ne di point
que j'ay traduit icy et ailleurs le διαιρεῖν resoudre et considerer excedant un petit la reigle des grammairiens, mais
il va bien.

CHAPITRE 16.

A mon pauvre corps. σωματίω. L'interprete a mis *corpori,*
pour *corpusculo,* mais il a laissé τῷ κτησιδίῳ, à mes petits biens.
Il tomba sur un exemplaire fort incorrect.

CHAPITRE 17.

Thesaurier. J'ay traduit ainsi πρύτανις prenant une de ses
significations, chacun entend bien ce mot. Politian l'a
oublié ou laissé sciemment.

CHAPITRE 19.

Terence dit presque le mesme en son Phormion, soubs
la personne de Demiphon, que l'homme sage doit tousjours penser aus dangers, pertes et bannissements, à la

faute de son fils, à la mort de sa femme, à la maladie de
sa fille : et considerer que ces choses sont communes et
ordinaires et ne doivent estre estimées nouvelles ni
estranges. Que s'il avient quelque chose de mieus contre
l'esperance, il faut conter cela pour gaing. La meditation
de la mort est fort recommandée par les philosophes, et
notamment par Ciceron aus disputes Tusculanes. On dit
que les Egyptiens souloient anciennement à l'issue de leurs
banquets faire porter une image de mort faite de bois peint
d'une coudée ou deus de long, et la monstrant à un
chacun dire cecy : En beuvant et te resjouissant regarde
cestuicy, et te souvienne que tu seras tout tel apres ta
mort.

Cette meditation à la mort est fort propre au Chrestien,
et surtout qu'il faut qu'il pense à la mort de Christ, et
qu'il soit luy mesmes tué, meurtri, et enseveli avec le fils
de Dieu, s'il veut revivre et regner avec luy. Cela va ainsi.
Au reste si l'homme qui s'enorgueillist, ou est prest de
faire mal, peut se commander tant que de penser vifvement
à la mort, il se rabaissera et se retirera facilement du mal.
Et comme ainsi soit qu'il n'y ait rien si epouvantable et
terrible que la mort, la frequente meditation la nous rend
plus suportable et nous y acoustume.

CHAPITRE 20.

Icy le traducteur fait une seconde partie du livre sans
grande raison. Mais il est certain (suivant ce qu'enseigne
Epictete) que si quelcun de ce temps veut se maintenir
un peu plus sagement que les autres, et que le corrompu

vulgaire, on dit incontinent qu'il fait du Philosophe ou du reformé. Il faut mespriser ces sornettes, qui retombent sur ceus qui les prononcent.

D'estre blasmé. καταμωχησομένων, il faut καταμωμησομένων.

N'ayés point de soucy. μεσχῆς, il faut μὴ.

CHAPITRE 21.

Tu as perdu ton ranc. Je n'ay pas traduit ἔνστασιν qui n'est à nul propos icy, mais στάσιν qu'il faut remettre au lieu.

CHAPITRE 22.

Pour l'amour d'un autre. δι ἄλλον. Politian avait trouvé δι ἄλλο et traduit *propter aliud.* Cela n'est pas bien.

Je ne serviray de rien à mes amis. Il taxe l'opinion des Aristoteliens et Peripateticiens comme fait Lucian aus Dialogues des morts, qui content les biens de la fortune pour partie de la felicité. Les Stoïques tenoient le contraire et disoient la seule vertu suffire pour accomplir le souverain bien, et Ciceron le maintient en ses disputes Tusculanes, et mesmement en la cinquiesme. Ces premiers y fourroient aussi les biens du corps qui consistent principalement en trois choses, en la beauté, la force et la santé. Ceus de la fortune en deus, aus honneurs et richesses. Leur raison estoit que la justice ne se peut exercer dans le magistrat, ni la liberalité et les exercices de la charité dans les biens. Dequoy nous avons traité amplement en la lecture que nous avons faite, et depuis escrite sur le cinquiesme de Sainct Matthieu.

Des souliers de l'armurier, ni des armes du cordonnier.

Cela est ainsi au grec et bien pertinemment, pource qui
se traite. Mais je ne sai ou le traducteur a si fort resvé
quand il a mis, des souliers du ravodeur, et des armes de
l'armurier, car c'est contre l'intention de l'aucteur. Voi le
lieu.

CHAPITRE 23.

Tu te dois resjouir. Il est bien digne du Chrestien de
se resjouir du bien d'autruy, contre la commune façon
des hommes qui sont pleins d'envie, et qui se resjouissent
plus du mal d'autruy que du bien, et sont fort sugets à la
maladie qui s'appelle χαιρεκακία que Ciceron rend tres bien
malevolentia gaudens alieno malo. Hesiode dit qu'elle est
mutine et seditieuse, et la nomme ἔρις κακόχαρτος. J'alle-
gueroy beaucoup de choses qu'il en dit, mais que serviroit
il d'aporter tant de grec dequoy je me resserre et icy et
ailleurs, pour n'ensuivre ceus qui copient en leurs livres
beaucoup de textes grecs pour sembler abiles hommes.

Baille donc. Il y a icy un τὸ διαφέρον qui se porte mal, il
peut signifier profitable et beaucoup d'autres choses, mais
il est superflu : et au lieu d'iceluy faudroit mettre un mot
qui signifiast, le prix, comme τιμήν, ou autre. Car ce passage
ne se peut sauver du vice.

Tu n'as point flaté. Politian a tourné, loué, mais le grec
porte flaté.

Et n'as point enduré les insolences qui se font à sa porte.
L'interprete a rendu cecy ainsi, *quod ea non profers quæ
ad limen ejus proferuntur.* Le grec s'accorde avec ce que
je di sans doute, comme on verra. Chacun entend
παροινία pour les sotises et folies qui se font par l'exces
du vin.

CHAPITRE 25.

A qui le demanderoit. ἀπαιτήσαντι. L'interprete a traduit icy, *imperium habenti,* au seigneur, au maistre. Il a rencontré quelque autre mot que celuy que je viens de mettre.

Tu te mettras legerement en besoigne. Il y a faute icy au texte grec. Pour ὅτι qui dit le contraire du propos, on pourroit remettre ἔτι.

CHAPITRE 26.

Ouvrages de four. περμάτων. Ce vocable est rendu par les Latins, *bellaria, cupediæ* : Somme se sont friandises. Politian l'a rendu *condimenta.*

Avaler force poussiere. Le traducteur a laissé le mot grec suivant l'auctorité de Martial, qui en a usé en certain Epigramme contre Philænis. Quelques uns prennent *haphe* pour la poudre dont on se frotoit apres l'onction, afin que la prise fust plus aisée aus combatans, et ont raison : mais non pas icy, ou il faut l'entendre du sable ou poussiere que le luitteur jettoit aus yeus de son compagnon pour luy troubler la veüe, et en venir plus aisement à bout, car celuy à qui on jettoit la poudre au visage estoit contraint d'en manger beaucoup, et toussoit quelque fois sans avaler plume. Ovide au neufvieme livre de la Metamorphose represente cette façon au combat d'Hercules et d'Achelous : que j'ay rendu en cette sorte vers pour vers.

> *Du sable il me jetta de sa nerveuse main,*
> *J'en fei jaunir aussi son visage et son seing.*

Or ἀφή est proprement attouchement comme chacun sait. Et icy se doit rapporter pour la premiere signification que j'ay alleguée l'excellente comparaison qu'en tire Plutarque discourant avec Senecion au quatriesme livre des Symposiaques. Car les empoignements, dit il, et les tractions de ceus qui luitent ont besoing de poudre. Mais le vin meslé avec la parolle et devis sert, autant pour lier et assembler les amitiés que cette poussiere sert de prise à la luite. L'aucteur veut dire qu'on ne fait pas ce mestier sans peine. De là vient qu'on dit que celuy qui a aquis quelque chose à grande difficulté, l'a aquis οὐκ ἀκονιτί, comme qui diroit ἀναιμωτί, ou ἀνιδρωτί, non sans sueur et sans effusion de sang. J'ay rendu ainsi ces mots en mon Aman,

Eut quarante ans apres la fatale couronne,
Par le prix de son sang, non sans poudre et danger.

Horace en dit autant de celuy qui joue des instruments aus mesmes jeus Olympiens, qu'il a beaucoup souffert, qu'il a sué, et enduré froid, qu'il s'est abstenu du vin et des femmes, il a apprins et a craint son maistre. Voi l'Art Poëtique.

CHAPITRE 27.

O homme, considere, ἐπίσκεψε, il faut ἐπισκέψαι.

Veus tu estre luiteur ou pentathle. J'ay esté contraint de laisser le grec comme a fait Politian qui l'eust peu tourner en latin *quinquertio.* C'est celuy qui est vainqueur en cinq sortes de combats, ou plustost celuy qui y combat simplement encores qu'il ait du pire. Si quelcun veut savoir ces cinq jeus, il faut aprendre d'un Epigramme de Simonide dont nous lairrons le grec, car tout le monde en a la teste rompue, mais nous l'avons traduit en autant de vers.

> Diophon a bien sceu ces cinq jeus emporter,
> Au palet, luite, et course, à darder et sauter.

Regarde tes bras. Ceus qui entreprenent legerement une chose et outre leur portée s'en repentent à loysir. Vous voirriés bien souvent en la fanterie des soldats qui tirent la paie du Roy, porter une pique qui ne la sçauroient à peine lever de terre, et quand ils l'ont entre les mains, ils en sont si chargés qu'ils sont demis combatus.

Boire de mesme, travailler. Politian a laissé icy le verbe πονεῖν, et ne l'a mis qu'au second lieu, où il doit encores estre une autre fois.

Avec autant de mal contentement, δυσαρεστεῖν. L'interprete a mis deus mots pour un, *irasci* et *mærere,* se courroucer, et se douloir, et si les deus ne paient pas le grec qui signi-fie, se porter impatiemment, et fascheusement, estre plein d'inquietude, s'ennuier de tout. *Morosus* vocable Latin approche de cette signification. Gratien appelle de ce terme les malades rechignés et qu'on ne peut contenter. Mais pourquoy m'amuse-je, les vocabulaires t'en diront autant.

Mesprisé des enfants. Politian a ajousté *derideri ab omnibus,* moqué de tous, qui n'est au texte d'Epictete.

CHAPITRE 28.

Par les qualités, σχέσις, est disposition. Les Dialectitiens establissent une difference entre σχέσις et ἕξις, prenant cestuy la pour une affection inconstante, et cestuy-ci pour une arrestée. Je l'ay tourné qualité, contre l'auctorité des grammairiens, pour ce qu'il s'entend ainsi en cet endroit. Le traducteur y a mis un certain *habitibus* ayant plus d'egard à la parolle qu'au sens.

Il t'est commandé. Politian s'accoustre legerement du verbe grec ὑπαγορεύεται.

Mais un pere. Les Chrestiens devroient mourir de honte lisans cecy s'ils ne le pratiquent. Encore que les hommes ne facent leur devoir en nostre endroit, si faut il faire le nostre au leur, et leur rendre la charité, amitié, secours et respect, et mesmes il faut faire bien à ceus qui nous persecutent.

Voisyn, citoien, chef d'armée, et *bien considerer les qualités.* Il paroist clairement comme il faut rendre σχέσεις.

CHAPITRE 29.

Voicy comme le respect, la reverence et honneur deu à Dieu est recommandé par les paiens. Ainsi Pythagore. *Sers Dieu premierement comme la Loy t'enseigne.* En ses carmes dorés. Et Phocylide dit le mesme et Virgile. *In primis venerare Deos,* et somme tous en parlent ainsi. Mais Epictete le dit si suffisamment qu'à peine sauroit l'on desirer mieus.

Qu'il gouverne. Les Epicuriens et Libertins de ce temps devroient mourir de regret immortel, voyans cecy et ceus contre qui l'on peut usurper les vers de Virgile.

> Et ne crois qu'aucun des Dieux
> Soit des humains soucieus.

Comme estant ordonné. Ceus n'ont pas pareille opinion de Dieu que le philosophe, qui osent alonger ou racourcir ou rechánger ses ordonnances. La confusion et dissipation de l'Eglise est venue, par faute de garder cecy quand les hommes se fiant en leur sagesse ont osé ajouster à la parolle de Dieu.

Tu ne te plaindras jamais. Les fideles ne se doivent plaindre des afflictions, mais croire que Dieu leur envoie pour leur tres grand bien. Car les persecutions sont profitables, honorables et desirables aus enfants de Dieu.

Celuy qui pense estre blecé se resjouïsse. Cecy se peut raporter à nostre religion, et c'est une chose bien contraire à la chair que de se resjouir aus tourmens, se penser honoré en sa honte, fortifié en sa foiblesse, et béni en son malheur. Cette faveur est baillée aus esleus par la vertu de l'esprit qui s'appelle consolateur, et huile de resjouissance, de laquelle nous avons escript sur l'epistre aus Hebrieus, ce que nous esperons Dieu aydant mettre en lumiere. C'est ce que le fils de Dieu nous enseigne en son Evangile selon Saint Mathieu au cinquiesme chapitre. Vous estes bien heureus quand les hommes vous maudissent, et vous persecutent et mentent de vous, en disant tous les maus du monde pour l'amour de moy. Resjouissés vous et sautés de joye, car vostre loyer est tres grand au ciel. L'on verra ce que j'ay dit du verbe ἀγαλλιᾶσθε. Nous devons donc esperer de Dieu ce qu'il nous promet par Esaie au chapitre xxv. Il destruira la mort à tousjours, il essuiera les larmes de toutes leurs faces, et ostera la vergoigne de son peuple. Car il estoit moqué. C'est le Seigneur, nous nous sommes attendus à luy, aussi nous serons en liesse et nous resjouïrons en son salut. Le

mesme est promis par S. Jan en la Revelation que les
Grecs appellent Apocalypse au vij. chapitre et au xxj.
Cela estoit pratiqué par les Apostres, comme il est escript
en l'Evangile des Actes, ou il est dit que les Apostres
apres avoir esté moqués, et fouetés, se retiroient avec une
joye merveilleuse, à la veüe de l'assemblée. Or ne faut
il pas douter que les afflictions ne viennent de la main de
Dieu, et non pas tousjours pour nos pechés, comme nous
voyons en l'exemple de l'abandon qu'il fait de Job au
Diable au premier chapitre et au fait de l'aveugle né, duquel
l'histoire est au ix. selon S. Jan. Vray est que nos pechés
nous en attrainent beaucoup sur la teste, comme l'on
a veu aus incestes, meurtres, revoltemens et peste qui
persecuta la maison de David, pour le fait d'Urie, et le
demembrement. Il n'est cependant point de mal en la cité
que le Seigneur n'ait fait. Jeremie en ses Lamentations
au ij. chapitre dit, que le Seigneur a en sa fureur ruiné la
terre d'Israël, qu'il a tendu son arc ainsi que l'ennemy,
et a tué tout ce qui estoit de beau au tabernacle
du Seigneur. Il faut voir le lieu ou la destruction de
Hierusalem est predite, mais, mieus à nostre propos,
en quelque façon que Dieu nous face cet honneur de
nous faire compagnons, et participans de la croix de son
cher fils, nous devons suivre les conseils du Paien,
qui nous doit emouvoir d'avoir tresbonne opinion de
Dieu, et ceder à tout ce qu'il fait comme estant ordonné
par un tres excellent conseil. Bref ce chapitre est
merveilleusement beau.

Là ou est l'utilité, là est la pieté. Cecy ne se peut il pas
employer contre ceus qui pratiquent l'avarice aus depens
de leur conscience, et qui ne suyvent l'estat ecclesiastique

que pour s'enrichir et s'aggrandir, et vivre en delices, oysiveté, et volupté. On le peut appliquer contre ceus qui veulent trouver un impossible, un Jesus-Christ sans croix, non crucifié, j'aymerais autant dire non sauveur, car nous savons que nous moyene sa croix. Ils ne veulent point donc de Jesus-Christ s'il n'est de sucre ou de velours. Somme ils le veulent en apparence, mais avec toutes leurs commodités.

Chascun face. Il y a icy trois mots grecs σπένδειν, θύειν, et ἀπάρχεσθαι que je n'ay mis peine de rendre selon leur proprieté qu'il faut chercher aus vocabulaires.

Sans affeterie, μὴ ἐπισεσυρμένως. Politian l'a traduit, *absque lascivia.* On peut le rendre en beaucoup de sortes, proprement, honnestement, non negligemment, ni par maniere d'acquit.

CHAPITRE 30.

Les entrailles des bestes, ἱερὰ. J'ay suivi la version de Politian, combien qu'il se peut entendre autre chose. Car ce n'est qu'une espece de Divination, on le peut prendre, du jargon, du vol, et du manger et boire des oyseaus, des sortileges, des trepieds, des grottes, des chesnes et autres especes. Voy Ciceron aus livres de la Divination.

En danger pour son amy. Il a esté tousjours honeste de mettre la vie pour son amy. Saint Paul mesme dit qu'un amy met la vie pour l'autre, et les Anciens enseignoient qu'il faloit estre amy jusques aus autels, c'est à dire qu'il n'y avoit rien au monde qu'on ne deust faire pour son amy, mais que Dieu n'y fust point offensé. Et celuy est tres lache qui ne le fait. Voi le devis de Ciceron

de l'amitié, et celuy de Lucian qu'il a nommé Toxaris.
De mesme ou mieus se faut il porter pour la patrie, et la
seule guerre est loysible pour les fouiers et pour les autels.
Homere dit que c'est un tres bon augure de combattre
pour sa patrie. De là vient le brocard contre Metrodore :

Metrodore voudroit pour le ventre mourir,
Mais il ne voudroit pas pour le païs souffrir.

En ces deux Iambiques je n'ay rendu la grace de πάτρας,
et μήτρας, que je n'interprete autrement pour courir ailleurs,
laissans le Grec pour les Accursiens.

CHAPITRE 31.

Ou en faire comparaison, συγκρίνων. Je laisse à penser au
lecteur, s'il n'est pas mieux que comme l'a rendu l'interprete Latin, *cum ceteris judicans,* jugeant avec les autres.

CHAPITRE 34.

Pour choses veritables, ἐκ τῶν ὄντων. Le traducteur l'a
rendu *cum licet,* quand il t'est loysible, n'est il pas tousjours
permis de fuir le jurement ou il est vitieus?

CHAPITRE 35.

Ce chapitre se peut referer à ce que dit l'Apostre, que
les propos mauvais corrompent les bonnes meurs : et à
ce que dit Platon en son devis qu'il a nommé Menon, ou
de la Vertu, l'ayant emprunté de Theognis.

Si tu hantes les bons, le bien tu aprendras,
Mais avec les mauvais, ton esprit tu perdras.

Pour ne ramasser mille exemples des bons aucteurs à ce propos, ou tirés du commun usage des choses que j'ay traité amplement sur l'Epistre aus Hebrieus.

CHAPITRE 36.

Ta famille et serviteurs. Je ne say pourquoy Politian a laissé le mot grec διχετίαν, car Robert Constantin personnage de grandes lettres à qui les studieus doivent beaucoup, ne l'a pas oublié et a allegué nostre aucteur.

La magnificence, δόξαν. Le bon homme Politian a mis icy *gulam,* comme s'il avait trouvé λαιμὸν.

CHAPITRE 37.

Cet enseignement n'est il pas conforme au commandement de la loy, Tu ne commettras point adultere, et à ce que le mariage est ordonné pour remede de l'incontinence?

Et quand on se veut lier, il faut s'y prendre legitimement. J'enten que quand on se veut marier, il le faut faire comme les lois l'enseignent, non aus degrés defendus. En quoy le droit civil ne s'accorde mal avecque l'Escriture sainte. Mais le droit canon a comme ailleurs partout amoncelé ordonnance sur ordonnance, charge sur charge. Or j'aime mieus avoir bonne opinion de nostre aucteur qui l'ait prins ainsi comme j'ay tantost dit, puisqu'il s'y peut prendre. Ainsi sur ἁπτομένῳ on entendra bien pertinemment γάμου, qu'il avait dit paravant.

L'interprete l'entend ainsi que si nous sommes contraints de coucher avec les femmes, il s'y faut prendre legitimement ce seroit à dire qu'il ne se faut adroisser aus femmes mariées, ni aus vierges sacrées, ou aus parentes. Mais quoy, peut on jamais legitimement paillarder? On nous dira que les Paiens ne blasmoient la simple paillardise, non pas le vulgaire, mais les philosophes la blasmoient, si ce n'estoit quelque Aristippe, un ecorniffleur de Roy. Or Epictete la veut blasmer toute.

CHAPITRE 38.

Je separe ce chapitre contre l'auctorité de l'exemplaire grec, suivant Politian, pource que c'est un autre propos.

CHAPITRE 39.

Ainsi ne seras tu point troublé. Au reste garde toy de t'escrier aucunement ou de soubzrire à quelcun, ou de t'esmouvoir beaucoup. J'ay traduit cecy du grec mot à mot, non du tout mal, de quoy je te fay juge, tres savant Honorat. Le traducteur a mis au lieu, *status autem ne sit gravis, sed constans eum quadam lætitia,* qui se pourroit à mon avis interpreter ainsi : Que ton maintien ne soit grave, mais resolu avec un peu de gayeté. Voilà comme nous ne nous accordons pas, et croy que son exemplaire estoit bien mauvais et incorrect.

Car tu ferois cognoistre que tu aurois eu le spectacle en amiration. Au lieu de cecy l'interprete a mis *neque de omnibus sermonibus qui dicti sunt,* ni de tous les propos qui s'y sont tenus.

CHAPITRE 42.

Car ce seroit suivre la façon du vulgaire, et se transporter aus choses externes. Il y a au grec ἰδιωτικὸν γαρ, καὶ διαβεβλημένον πρὸς τα ἐκτός. Le traducteur l'a rendu, *vulgare enim est quæ extrinsecus sunt calumniari*, qui veut dire : c'est à faire au peuple à calumnier les choses externes. Cela n'est nullement tourné du grec, s'il n'y avoit βιωτικὸν γὰρ διαβάλλειν τὰ ἐκτός. Ce seroit trop licentieusement et temerairement faire que de rechanger tout ainsi, veu que la sentence est entiere autrement. Cela ne me peut plaire. On diroit que διαβάλλειν ne signifiroit jamais rien que calumnier, mais je croi les Grammairiens si en sa premiere etymologie il ne vaut pas autant à dire que *trajicere*. Cela est tout clair.

CHAPITRE 43.

D'engendrer risée. Ciceron defend cela surtout à l'orateur, au moins de plaisanter, tellement qu'on ne rie pas du mot, mais de celuy qui le dit.

En propos vilains et deshonnestes. Cecy n'est il pas digne du Chrestien et conforme à la parolle de l'Apostre au cinquiesme de l'epistre aus Ephes. où il défend que les parolles sales ni les plaisanteries ne soient en la bouche du fidele, mais les louanges du Seigneur. Les mots de l'Apostre et du Philosophe sont pareils. αἰσχρολογια, εὐτραπελία.

Un paien nous apprend l'honesteté qui ne se garde gueres bien entre les Chrestiens, lesquels employent leur bouche, non à louer Dieu, mais à une infinité de folies, et mesmement entre les femmes. O l'horreur et l'infamie de ce temps ! Je n'en di point d'avantage, mais il faut que les gens de bien imitans le Roy prophete David dient : Seigneur, tu ouvriras mes levres, et ma bouche annoncera ta louange.

Chapitre 44.

Un repentir apres la jouissance. Il y a quelque plaisir en quelques vices, mais il est bien maigre, au prix de la honte et repentance qu'on en a apres estre assouvi, soit qu'il s'ensuive un chastiment publique de la justice, ou particulier, comme en la paillardise la verolle, ou les bourreaus de la conscience. Demosthene dit quand Laïs luy demanda une si grande somme d'argent pour le plaisir d'une seule nuit : Je n'achete pas si cher un repentir. Mais si on se peut repentir d'argent perdu, que fera l'on de la santé, de la vie, de l'honneur et de la conscience?

Chapitre 45.

Ceus qui se cachent pour bien faire, ou qui ont honte qu'on les estime reformés, ou qu'on les voye avec les gens de religion aus lieus Saints, peuvent estre icy taxés, C'est infirmité. Mais c'est autre chose de ceus qui se voyans surprins jurent afin d'estre estimés bons compagnons.

Chapitre 46.

Amy Honorat, tu verras que ce chapitre n'est pas bien perfait, toutesfois, je n'y ay rien changé, et ne veus legerement remplir les Asterisques, combien qu'il n'y ait point icy de telle marque. Mais le traducteur qui a fourré icy ce qu'il a voulu n'a satisfait à l'intention de l'aucteur non plus que moy. Il lie ce chapitre avec le precedent. Il y a difference entre nous, c'est qu'il a esté le plus hazardeus.

Proposition disjonctive. Ou il est jour ou il est nuit. Je laisse aus Dialecticiens à traiter les lieus qu'ils appellent *connexa, conjugata,* et les contraires, voi les Topiques de Ciceron : voi Rodolphus Agricola, ou nostre maistre de la Ramée qui les a tous radoubé. Les enuntiations de l'avenir se font en forme disjonctive en la matiere de la destinée, que les Latins appellent *fatum,* dont j'ay traité quelque chose en ma préface.

CHAPITRE 49.

En broderie. J'ay ainsi rendu λάντητὸν qui se tourne en latin *punctis disjunctum.* Politian l'a traduit, *punctabundus.* Combien y a il de simples Damoiselles qui en portent aujourd'huy.

CHAPITRE 50.

Je n'ay autre chose à dire fors que l'interprete a bien tourné autrement ce passage. J'ay suivi l'exemplaire grec.

Modestes, honteuses, pour ἀδήμονες, li ἀιδήμονες. Mais confere ceci avec ce qui est commandé par l'Apostre saint Pierre et par saint Paul, et tu le trouveras tressemblable.

CHAPITRE 51.

J'ay divisé ce chapitre par l'auctorité de Politian, pour la mesme raison que je l'ay fait ailleurs.

Estre trop souvent à la garderobe, ou coucher trop souvent avec sa femme. ἀποπατεῖν et ὀχευεῖν, signifient bien *cacare* et *coire,* mais l'interprete n'a rien suivi de cecy, et a fait la court a ses pensées, a changé et brouillé tout cet endroit. Mais il va bien au grec, car c'est ce qu'enseigne Galien en l'excellent livre, par lequel il nous exhorte à aprendre les bonnes arts, ou cecy est rendu presque mot à mot. Que Venus, le travail, le baing et le vin se prenent avecque modestie, ce qu'il a aussi tiré des petits vers dorés de Pythagore.

CHAPITRE 52.

Car la vérité estant envelopée et cachée. Il y a συμπεπλεγμένον. Politian le tourne *verum enim conjugatum.* J'enten bien qu'il peut signifier cela qui se dit autrement συνημμένον, dont nous avons parlé là haut. Mais qu'avons nous affaire icy de ceste Dialectique? et ne me chaut non plus que cottent les vocabulaires qui ne l'interpretent jamais que *copulatum, conjuctum,* ou *connexum,* et leur est tousjours avis qu'ils sont à la chapelle de Boncourt. συμπλέκειν peut il pas s'entendre pour plier, paqueter, envelopper, lier ensemble.

CHAPITRE 54.

Cette consequence est fort mauvaise, ἀσύνακτοι λογοι. Les grammairiens notent *congruentes.* Le traducteur dit *hi sermones non congruunt,* qui veut dire ce me semble, ces propos sont mechants. La où il faut estre hardi, il est couard, s'assujetissant aus parolles.

CHAPITRE 56.

Des preceptes. θεώρημα n'est proprement precepte, mais quand il le signifie sa propriété se rechange et flechist, cependant il se prend ainsi en ce lieu, et est cela mesme qu'il appelle *dogma* au penultime chapitre. Les anciens traducteurs des philosophes grecs tournoient tousjours ce mot en *speculatio*. Il vient comme chascun sçait de θεωρεῖν, qui est contempler, cognoistre, percevoir, et cotte plustost *perceptum* que *præceptum*. Aristote aus Topiques le prend pour *problema*, question.

Ne di pas comme il faut manger. J'ay escript au long en mon Commentaire sur l'Electre d'Euripide des grands causeurs et petits faiseurs. Il est beaucoup d'hommes de cette sorte. Tels estoient les Atheniens qui savoient bien et entendoient le droit, mais ils ne le vouloient pratiquer. Tels sont ceus dont parle le Satyrique,

> Maints qui parlent de continence
> Font aus bourdeaus leur demourance,
> Tels qui se feignent curieus
> Vivent comme Epicuriens.

Combien y en a il parmi les Chrestiens qui ne parlent que de Dieu et crevent à toute heure du nom de Christ, et en ont la gorge pleine, et cependant le diffament en toutes leurs actions. Voi Gregoire Nazianzene, et les excellens tesmoignages que j'ay allegués en mon commentaire t'en assouviront un jour Dieu aydant, mais je m'estudie a breveté le plus que je puis. C'est ce que dit Esaie au xxix. chap. et qui est raporté par le fils de Dieu au xv. selon saint Matthieu. Ce peuple m'adore des levres, mais son cœur est bien loin de moy. Ceus qui se seoient en la chaire de Moyse estoient de cet ordre, desquels il faloit croire la parolle et non suivre la vie. Icy se doit raporter la defense que Dieu fait aus mechans de parler de luy, laquelle je deduiray en deus mots sur le propos de la cheute d'Origene, docteur d'admirable erudi-

tion, lequel apres avoir exercé sa charge de catechiste par
l'espace de cinquante et deus ans tressuffisamment et
tresfidelement, et escript une infinité de livres excellens
contre les heretiques, en une persecution ou l'on le meit
au choix ou de sacrifier ou d'avoir affaire à un vilain
Ethiopien là present et luy abandonner son corps, feit
signe qu'on luy baillast l'ensensoir. Pour cela il fust
excommunié. Et estant quelque temps apres appellé par
ceux de Judée, et requis par les anciens de parler en
l'Eglise veu qu'il estoit luy mesmes ancien, il se leva
comme s'il eust voulu faire quelque sermon. Mais il recita
seulement cecy du 1. Pseaume : Et Dieu dit au pecheur,
Pour quelle raison annonces-tu mes justifications, et
pourquoy prens tu mon testament en ta bouche? Et incontinent ayant fermé le livre s'assit, jettant larmes et san-
glots et faisant des cris espouvantables sans pouvoir
parler.

CHAPITRE 57.

Si tu as le corps attenué d'abstinence. Cecy se formalise
à ce que le fils de Dieu enseigne en saint Matthieu des
hypocrites, qui quand ils jeusnent obscurcissent leurs
faces pour sembler fort meigres. Nous sommes instruits
là mesmes, d'oindre nos visages.

Ne va point embrasser les statues. Politian ajoute icy,
pour remplir ce qui luy semble imperfait, cette sentence,
qui à mon avis se peut rendre ainsi en françois : Et ne
te soucie d'estre veu des estrangers, qui quand ils sont
violentés par les plus puissans font brusler les statues, et
crient qu'on leur fait force pour assembler le peuple. Car

celuy qui ne fait rien que par ostentation et monstre, est tout adonné aus choses externes, et ruinent les biens de patience et d'abstinence, quand ils establissent leur fin en l'opinion de plusieurs. Cela n'est point mauvais. J'ay traduit ce que j'ay trouvé en mon exemplaire sans y ajouster ni de Simplicius, ni d'autre quelconque, ni du mien mesme. Comment donques s'entendra cecy? Ne va point embrasser. Les statues sont communement en public, et il est question icy des hypocrites qui font leurs bonnes œuvres devant les hommes pour estre veus, desquels parle l'Escriture, qu'ils ont leur loyer, car ils faisoient le bien pour paroistre, et ils ont esté veus, que leur faut-il? Et ceste est une des trois differences que j'ay assignées en mes lectures sur les commandements de la loy, des vrais serviteurs de Dieu d'avec ces farceurs, que les Grecs appellent hypocrites.

Avale de l'eau froide. J'ai traduit cet ἐπίσπασαι non contre la raison des Grecs bien qu'il soit rare pour *exhauri, ebibe,* ayant esté ainsi usurpé par Lucian, λαμβάνειν, dit il, κήλυκα κάι ἐπισπασαμένοις φιλῆται, ou manifestement il s'entend ainsi.

Au reste ces choses dites ainsi brievement, peuvent s'entendre à mon avis tresbien comme j'ay dit, mais si quelcun veut qu'elles soyent tirées de quelque superstitieuse sagesse, comme il y en a au livre de Synese, qui s'appelle de la Providence, ou l'Egyptien, en l'oraison du Royaume et autres ses œuvres, je le souffriray.

CHAPITRE 60.

De Chrysippe. Le grec semble estre vitieus, et faudroit mettre Χρυσιππου, au lieu de ὅτι Χρύσιππος. Le traducteur a bien laissé la moitié de ce chapitre sans raison et propos, combien qu'il soit entier : et pour mieus enrichir la besoigne il a avancé du sien à la fin une clausule qui n'est pas au texte, et se peut entendre ainsi, si j'enten le latin de Politian. Car que sert il d'avoir trouvé la prescription de quelques medicamens, et les connoistre, et ordonner aus autres, si je n'en use estant malade, cela va bien, mais il n'est pas du jeu. Cet homme se donne grand' licence et auctorité sur un ancien escrivain et Philosophe, ou s'en repose et fie sur tel qui ne l'entend pas mieus que luy.

CHAPITRE 61.

Comme tu te dois composer. J'ay prins du verbe συμβάλλειν la plus propre signification qui se pouvait accommoder d'une douzaine qu'il en a, combattre, venir aus mains, s'entre heurter, conjecturer, et les autres. Il ne faut point demander qu'en dit l'interprete, car il n'a pas traduit le quart de ce chapitre, et a passé le reste comme inutile, ou ne l'a pas trouvé en son livre, qui a ce conte estoit bien imperfait.

Bornant le temps de ton apprentissage. Cecy se peut rapporter à ce que dit l'Apostre au vi. chapitre de l'epistre aus Hebrieus, qu'il ne faut tousjours s'amuser au laict, ains le laisser aus petits enfants pour user des viandes plus fermes et solides. Car ce que dit le philosophe, vous n'estes plus jeunes, et estes tousjours apprentis, est cela mesmes, hors mais qu'il ne l'entend que de l'honesteté des mœurs, de la vertu, et magnanimité de l'esprit et non de la cognoissance du Saint Evangile, en laquelle, dit l'Apostre, Au lieu que vous devriés estre maistres

selon votre age, il vous faut encore remener aus elemens,
or celui qui est encores au lait n'a point de part en la
parolle de justice. Mais la viande solide est pour les per-
faicts qui ont d'acoustumance les sens exercés à la discre-
tion du bien et du mal. Ce qu'il dit aussi, j'enten le
philosophe, qu'il ne faut eloigner ou differer, mais s'avancer afin que nous ne soions surprins, est conforme a ce
qui nous est recommandé par l'Apostre en la mesme
epistre aus Hebrieus. Hastons nous, dit il, d'entrer en ce
repos. C'est pour monstrer qu'il ne faut aller laschement
en besoigne, mais faire diligence, et se peut alleguer cecy
contre ces bons compagnons qui prenent terme d'estre
gens de bien, et disent qu'il n'y a qu'une bonne heure, ou
qu'un bon souspir.

*Que nous sommes au combat, et que les jeux Olympiques
sont presens.* J'ay interpreté au long le combat du Chrestien,
et ce qui s'en peut raporter à ces traits, en la lecture
que j'ay faite sur le verset du cinquiesme chap. du
Saint Evangile selon saint Matthieu. Bien heureus sont
ceus qui se deulent, car ils recevront consolation, et
m'ennuie presque d'en redire icy chose quelconque. Là j'ay
deduit entre autres choses la comparaison du Chrestien
avec l'homme de guerre, lequel ay-je dit est cassé, si les
ennemis estans en bataille il se debande ou prend la fuite,
combien qu'il y aille de l'honneur et de la vie. Voylà le
canon qui bat, il faut faire teste. Les ennemis spirituels
sont quatre : Sathan, la chair, la mort et le monde, qui
nous livrent une continuelle guerre, et la faut soustenir.
Voylà le canon qui bat. Si nous voulons recevoir la couronne de justice, dont parle saint Paul en la seconde
epistre à Timothée, ch. IV. Il y a donc à combattre, et

dequoy est il question? De la victoire, de la couronne du triomphe. Voy aus Galates et Thessal. C'est la continuelle figure de l'Escriture sainte qui est pareille en ce lieu.

Refusons la lice et perdons la bataille. Il semble qu'icy il n'y devait y avoir deus mots semblables, ἥτταν καὶ ἔνδοσιν, mais qu'il devait y avoir ἥτταν καὶ νίκην pour se raporter à ce qui est dit apres. Ou nous maintenons, ou nous perdons nostre avancement de sorte que le desavancement fust de la fuite et desconfiture, et l'avancement par la victoire. Mais je l'ay trouvé ainsi. Il n'en faut demander conseil à Politian, car il n'en dit rien de peur qu'il n'avienne.

CHAPITRE 62.

L'interprete a traité ce chapitre comme les precedens, et l'a roigné et retranché.

Des opinions. Il appelle icy *dogmata* qu'il appelloit paravant theoremes.

CHAPITRE 63.

Politian divise ce chapitre en trois sentences de Cleanthe, Euripide et Platon, et met en trois nombres, premierement, secondement, tiercement. Au grec il n'y a ni premier ni second, mais bien troisiesme, et il n'est pas nouveau de mettre plusieurs nombres et ne conter qu'à la fin.

Guide moy. Ce sont six vers Jambiques senaires de Cleanthe et Euripide.

O Criton. Voy Platon et Xenophon. Anyte et Melite, comme chacun scait, furent les accusateurs de Socrate,

qui le firent mourir. Socrate est appellé par Horace au
ij. livre des Satyres Anytireus, le criminel d'Anyte.

Amy Honorat, ayant mis fin à ce mien labeur j'ay
entendu de Thomas du Puys docte medecin, et excellemment versé en la cognoissance des simples, qu'il y a une
traduction latine d'Epictete accompagnée d'un commentaire
si ample, qu'il fait un gros volume, mais ne l'ayant point
veue, je ne m'en peus servir ni en porter jugement. S'il a
merité louange, quiconque soit l'aucteur, je serai le premier à la luy rendre, mais que ne soye fraudé de mon
travail, raportant le tout au demeurant à la gloire de
Dieu et à son fils Jesus-Christ, auquel appartiennent
gloire, louange et Royaume à tousjours mais.

FIN DES OBSERVATIONS

INDEX BIBLIOGRAPHIQUE

PREMIÈRE PARTIE

Éditions et traductions.

ANTONIUS (Joannis). — Epicteti Enchiridion cum Simplicii expositione, per Johannem Antonium et fratres de Sabio (Venetiis 1528, in-4º).

CANINIUS (Angelus). — Commentarius in Enchiridion Epicteti latine, Angelo Caninio interprete (Venetiis 1546, in-folio).

CRATANDER. — Édition d'Haloander reprise (Bâle 1531).

HALOANDER. — Édition grecque du Manuel d'Épictète, avec la traduction latine de Politien et sa lettre à Laurent de Médicis (Nuremberg 1529).

NAOGEORGIUS (Thomas). — Moralis philosophiæ medulla, docens quo pacto ad animi tranquillitatem, beatitudinemque præsentis vitæ perveniri possit. Nempe Epicteti Enchiridion græce ac latine cum explanatione Thomæ Naogeorgii Argentorati excudebat Vuendelinus Rihelius, anno MDLIIII.

NEOBARIUS (Conradus). — Ἐγχειρίδιον Ἐπικτήτου mille in locis castigatum per Conradum Neobarium (Parisiis MDXL).

NEOBARIUS (Conradus). — Epicteti Enchiridion, e græco interpretatum ab Angelo Politiano (Parisiis MDXL).

POLITIANUS (Angelus). — Opera omnia (Venetiis 1498, in-fº) :
— Lettre à Laurent de Médicis.
— Lettre à Bartolommeo Scala, Fiesole 1479.

SCHEGGIUS (Jacobus). — Epicteti stoici philosophi enchiridion cum Angeli Politiani interpretatione latina. — Item Arriani commentarius disputationum ejusdem Epicteti (Basileæ 1554, in-4º).

TRINCAVELLI (Victor). — Arriani Epictetus (Venetiis 1535, in-8º).

TUSANUS (Jacobus). — Ἐγχειρίδιον Ἐπικτήτου multis in locis a Jacobo Tusano regio græcarum litterarum professore castigatum (Parisiis 1552).

TUSANUS (Jacobus). — Enchiridion Epicteti in locis castigatum a Tusano cum lat. vers. Politiani (Paris 1567, in-4º).

WOLF (Jérôme). — Epicteti Enchiridion... cum Cebetis Thebani tabula... græce et latina. Quibus... accesserunt e græco translata Simplicii... scholia, Arriani Commentariorum de Epicteti disputationibus libri IIII, item alia ejusdem argumenti... Hieronymo Wolfio interprete, una cum annotationibus ejusdem (Basileæ 1563, in-8º).

Ouvrages consultés.

BRUCKER. — Historia critica philosophiæ (1767, in-4°).
FABRICIUS (Joannis-Albertus). — Bibliotheca græca, tome V (Édition Harles MDCCLXXIX).
HOFFMANN. — Lexicon bibliographicon (MDCCCXXXII).
SCHWEIGHAUSER. — Epicteti Manuale et Cebetis tabula græce et latine (Lipsiæ 1798).

DEUXIÈME PARTIE

Traductions.

DU MOULIN (Antoine). — Le *Manuel* d'Épictète (Lyon 1544, in-16).
DU VAIR (Guillaume). — Œuvres d'ensemble (Rouen 1625) :
—   Philosophie morale des Stoïques.
—   *Manuel* d'Épictète.
RIVAUDEAU (André de). — La doctrine d'Épictète Stoïcien. Comme l'homme se peut rendre vertueus, libre, heureus, et sans passion (Poitiers 1567).

Ouvrages consultés.

HAAG. — La France protestante (1846-1858).
STROWSKI (Fortunat). — Pascal et son temps (3 vol. in-16, Paris 1913).

INDEX ALPHABÉTIQUE
DES
NOMS PROPRES

(Les Noms propres du texte de Rivaudeau sont en italique et les chiffres en égyptiennes.)

A

Achille, p. **144.**
ADRIAN (empereur romain), p. 53.
Agricola, p. **156.**
ALCIBIADE, p. 18.
Aman, pp. **138, 145.**
AMERBACH, p. 53.
Antonin (Marc), p. **94.**
ANYTUS, pp. 44, **130, 163, 164.**
Apollon, p. **117.**
Aristide, p. **136.**
Aristippe, p. **153.**
ARISTOTE, pp. 33, 34, 37, 38, 47,
note 1, 55, **158.**
ARRIEN, pp. 31, 37, **95.**

B

BABINOT (Albert), jurisconsulte et poète,
pp. 69, 70, **91, 96.**
BESSARION (le cardinal), p. 13.
BOYSONNE (Jean DE), p. 64.
BRASSICANUS (Alexander), p. 38.
BRIÇONNET, p. 64.
BUDÉ, p. 36.

C

CALVIN, p. 64.
CANINIUS (Angelus), pp. 8, 34, 35, 73,
74, 83, **92, 93.**
CARINUS (Ludovicus), p. 55, note 2.
CASA (archevêque de Bénévent et légat
du pape à Venise), p. 35.

C

CASAUBON (Méric), p. 37 note 2.
CATON, p. 19.
César, p. **115.**
CHRIST, pp. 45, 47, 48 note 1, 49, 50,
52 note 2, **96, 139, 141, 150, 158,
164.**
CHRYSIPPE, pp. 41, 42, 52, **94, 128, 160.**
CICÉRON, pp. 5, 40, 45, 46 note 1,
58, 77, **134, 141, 142, 143, 150,
154, 156.**
Cléanthe, pp. **93, 163.**
Constantin (Robert), p. **152.**
CRATANDER, pp. 8, 33, 34, 63.
CRITON, pp. 44, **130.**

D

David, pp. **149, 154.**
Demonax, p. **95.**
DÉMOSTHÈNE, pp. 54, **155.**
Dieu, pp. **99, 109, 115, 116, 135, 138,
141, 148, 149, 158, 159, 160, 164.**
Diogène, p. **106.**
Dion, p. **95.**
DOLET (Étienne), p. 64.
Domitian, p. **94.**
DU MOULIN (Antoine), pp. 7, 63-67, 69.
DUPRAT (Guillaume), évêque de Cler-
mont, p. 35.
DU VAIR (Guillaume), pp. 7, 63, 68,
71, 82-86.

ERRATA

P. 13, note 1, l. 14, lisez : expositionem; — dernière ligne : refrigerium
P. 17, note 1, l. 2, lisez : in eo
P. 19, note 3, l. 2, lisez : enucleatius
P. 40, l. 26, lisez : *visio*
P. 41, l. 4, 1re colonne, lisez : operte
P. 49, l. 13, lisez : fieri
P. 54, note 1, l. 10, lisez : quem præceptoris
P. 57, l. 29, lisez : convivator
P. 65, l. 17, lisez : οὐθείς
P. 66, l. 14, lisez : reigle
P. 67, l. 12, lisez : inque
P. 81, l. 9, lisez : fantazie; — l. 11 : vas donc chés; — l. 31 : ἐπιλογισμούς
P. 93, l. 21, lisez : La mesme
P. 96, l. 17, lisez : rare
P. 134, l. 23, lisez : οὐδέν; — l. 24 : ἤ
P. 139, l. 3, lisez : *futurum cras*
P. 145, l. 1, lisez : ἀφή, — l. 11 : ἀκονιτὶ
P. 147, l. 19, lisez : *l'enseigne* en
P. 148, l. 20, lisez : Matthieu
P. 153, dernière ligne, lisez : ἰδιωτικὸν
P. 154, l. 21, lisez : εὐτραπελία
P. 156, l. 17, lisez : ἀδήμονες et ἀιδήμονες
P. 157, l. 18, lisez : λόγοι; — l. 24 : θεώρημα
P. 158, l. 3, lisez : θεωρεῖν; — l. 14 : curiens
P. 160, l. 19, lisez : κυλικα

TABLE DES MATIÈRES

Imprimerie Nouvelle F. Pech et Cie, rue de la Merci. — Bordeaux.

www.ingramcontent.com/pod-product-compliance
Lightning Source LLC
Chambersburg PA
CBHW072040090426
42733CB00032B/2044